传承

大国工程 使命担当

中国工程院 编

北京出版集团
文津出版社

图书在版编目（CIP）数据

传承：大国工程 使命担当 / 中国工程院编. -- 北京：文津出版社，2025.2. -- ISBN 978-7-80554-936-1

Ⅰ. K826.1

中国国家版本馆 CIP 数据核字第 2024GG1896 号

策 划 人：高立志
责任编辑：王忠波　孔伊南
责任营销：王绍君
责任印制：燕雨萌
封面设计：苗　洁

传承 大国工程　使命担当
CHUANCHENG
中国工程院　编

出　　版	北京出版集团
	文津出版社
地　　址	北京北三环中路 6 号
邮　　编	100120
网　　址	www.bph.com.cn
发　　行	北京伦洋图书出版有限公司
印　　刷	河北鑫玉鸿程印刷有限公司
经　　销	新华书店
开　　本	787 毫米 ×1092 毫米　1/16
印　　张	16.5
字　　数	220 千字
版　　次	2025 年 2 月第 1 版
印　　次	2025 年 2 月第 1 次印刷
书　　号	ISBN 978-7-80554-936-1
定　　价	88.00 元

如有印装质量问题，由本社负责调换
质量监督电话　010-58572393

序　言

工程造福人类，科技引领未来。

2024年6月3日，在中国工程院建院30周年之际，习近平总书记致信祝贺，并高度肯定了中国工程院建院30年来的成就。习近平总书记指出，30年来，在党的坚强领导下，中国工程院团结凝聚院士和广大工程科技工作者，大力推动工程科技发展，不断攻克科技难关，建设大国工程，铸造国之重器，为推动我国工程科技创新进步、促进经济社会高质量发展作出了重要贡献。

抚今追昔，鉴往知来。

1994年6月3日，在张光斗、王大珩、师昌绪、张维、侯祥麟、罗沛霖6位学部委员的建议下，在党和国家领导人的亲切关怀下，近百位我国工程科技各领域的大师巨擘齐聚北京怀仁堂前，宣告中国工程院成立。

自诞生之日起，推进中国的工业化、现代化，就是中国工程院的"天命"。

30年来，中国工程院院士队伍从96名首批院士，到如今已壮大到953名。中国工程院团结凝聚全院院士和广大工程科技工作者勇担重任、勇攀高峰、勇毅前行，践行担当天命、守正扬清、接续创新、顶天立地一脉相承的精神内核，大力推动工程科技发展，汇聚一流创新人才、产出一流科技成果、贡献一流咨询建议、打造一流学术平台，在国家发展进步中发挥了重要作用。

30年春华秋实，工程科技进步和创新已成为国家发展的重要引擎。广大院士坚持"四个面向"奋力攻关，打造大国工程、铸就大国重器、突破核心技术、聚力产业所需、服务民生所系。30年来，有载人航天、探月工程、超算系统、大飞机、新型航母、万米深潜器、新一代高铁等重大工程科技创新振奋人心；有三峡工程、西气东输、西电东送、南水北调、东数西算、青藏铁路、港珠澳大桥等一大批重大工程建设成功；有农业科技、人口健康、资源环境、公共安全、防灾减灾等领域捷报频传，为14亿中国人高质量生活打下坚实基础。

"科学成就离不开精神支撑。"每一项卓越成就的背后，都有着中国工程院院士与广大工程科技工作者"先天下之忧而忧，后天下之乐而乐"的深厚情怀，是他们常思奋不顾身，以徇国家之急的坚定行动，更是对"爱国、创新、求实、奉献、协同、育人"科学家精神的全面阐释。

2024年正值中华人民共和国成立75周年和中国工程院成立30周年，为进一步弘扬科学家精神，我们在《中国科学报》开设了"大国工程　使命担当"等专栏，从中精心遴选一批文章汇编成《传承——大国工程　使命担当》，讲述中国工程院院士胸怀"国之大者"、争做"四个表率"的动人故事。

书中的科学家大多是新中国科技事业开创与奠基历程中的关键人物，他们的名字贯穿了科技领域起步与发展的重要阶段。比如："两弹一星"元勋、我国核科学技术的主要开拓者之一朱光亚，他也是中国工程院首任院长，今年恰逢朱光亚老院长诞辰100周年。以朱光亚老院长为代表的老一辈科学家在当时的国内外形势下勇于应对挑战，坚韧不拔、攻坚克难、鞠躬尽瘁、无怨无悔，为推动中国工程科技事业建设发展作出了巨大贡献。我们要追寻他们的奋斗足迹，传承中国工程院一脉相承的精神内核。

序　言

此外，本书还讲述了我国高温合金重要的奠基人之一师昌绪、中国计算机汉字激光照排技术创始人王选、我国高精度高分辨率对地观测系统开创者之一李德仁、中国核潜艇首任总设计师彭士禄、我国杂交水稻事业的开拓者和领导者袁隆平、神舟系列飞船总设计师戚发轫、推动中医药全程参与新型冠状病毒感染救治的"人民英雄"张伯礼、开拓"小木耳大产业"脱贫致富之路的"全国脱贫攻坚楷模"李玉、开拓中国藏文信息技术研究新领域的新院士尼玛扎西等科学家的事迹。

这些灿若群星的科学大家赢得了党和人民高度赞誉，他们的优秀品质，凝结出鲜明强健的精神血脉，铸就了精忠报国的院士之魂，他们用自己的热血和壮志托举起中华民族伟大复兴的中国梦。他们的故事，不仅记录着新中国工程科技事业发展历程，更诠释着科学家精神，激励广大工程科技工作者为国家富强、民族复兴接续奋斗。

弦歌三秩，筑梦起航。2024年6月24日，习近平总书记在全国科技大会、国家科学技术奖励大会、两院院士大会上指出，希望两院院士当好科技前沿的开拓者、重大任务的担纲者、青年人才成长的引领者、科学家精神的示范者。这是中国工程院履行工程科技使命担当的精神力量。站在新起点上，中国工程院将团结带领广大院士以"十年磨一剑"的坚定决心和顽强意志，坚持院士称号学术性、荣誉性、纯洁性本质，发挥国家战略科技力量作用，弘扬科学家精神，引领工程科技创新，加快突破关键核心技术，强化国家高端智库职能，为以中国式现代化全面推进强国建设、民族复兴伟业作出新的更大贡献。

中国工程院党组书记、院长

2024年11月

目 录

朱光亚："朱光亚星"永不熄灭 / 丁　佳 ………………………… 1

师昌绪：忠于事只为信仰 / 陆　琦 ………………………………… 7

彭士禄："彭大胆"和他的"三个夫人" / 甘　晓 ………………… 17

傅熹年：对古建筑最极致的爱 / 程唯珈 …………………………… 23

何继善：探深地万米　做"中国创造" / 杨　晨 ………………… 31

朱高峰：立足实际，发展中国工程技术 / 卜　叶 ………………… 39

郭孔辉：为中国汽车发展做些事 / 卜　叶 ………………………… 47

殷瑞钰：相伴多年的感念与收获 / 辛　雨 ………………………… 55

钱　易：将污泥浊水化为青山绿水 / 程唯珈 ……………………… 63

王　选：手稿引发的故事 / 丛中笑 ………………………………… 69

王德民：退休后，我的科研工作"加速"了 / 李晨阳　韩扬眉
......79

李德仁：苍穹之上，擦亮"东方慧眼" / 李思辉......89

吴有生：人生征途是蔚蓝大海 / 辛　雨......97

袁隆平：用一粒种子改变世界 / 王昊昊......105

陈厚群：为祖国高坝大库筑牢"安全线" / 蒲雅杰　冯丽妃......115

钟　掘：为祖国强盛不懈奋斗 / 王昊昊......125

王泽山：国家有需要，就应该有人去做 / 沈春蕾......133

邬贺铨：慧眼如炬的通信先锋 / 冯丽妃......141

戚发轫：这辈子干了三件事 / 沈春蕾......151

张伯礼："天津老张"的肝胆相照 / 张　楠......161

李立浧：服务国家需要　勇登电力高峰 / 朱汉斌......169

栾恩杰：守望探月工程　逐梦星辰大海 / 甘　晓......179

李　玉：以科技铸就食用菌致富梦 / 张晴丹......187

何华武：奔向"风驰电掣"的高铁梦 / 韩扬眉 ………… 195

徐芑南：潜行者 / 张　楠 ………………………………… 203

杨华勇：满怀信心，一路"掘进" / 张　楠 …………… 211

杨春和：大地深处，筑造储能"宝库" / 李思辉 ……… 219

尹飞虎：把论文写进农民心里 / 袁一雪 ………………… 227

尼玛扎西：用信息技术拉近西藏与世界的距离 / 韩扬眉 …… 235

余　刚：深耕环境30年，坐热"冷板凳" / 刘如楠 …… 243

（以院士当选年份排序）

后　记 ……………………………………………………… 251

朱光亚

(1924.12—2011.02)

　　核物理学家，湖北省武汉人。1945年毕业于西南联合大学物理系。1949年获密歇根大学物理学博士学位。我国核科学技术的主要开拓者之一。1999年获"两弹一星"功勋奖章。1980年当选中国科学院学部委员（院士）。1994年当选中国工程院院士。

朱光亚："朱光亚星"永不熄灭

丁佳

2011年2月27日，在朱光亚北京家中10余平方米的灵堂里，摆满了社会各界敬献的花圈、花篮。我国航天事业奠基人钱学森先生的家属、科技界领导、与朱光亚共事过的专家等各界人士均专程赶来吊唁。

"父亲一辈子兢兢业业，81岁才退休。"朱光亚长子朱明远说。他多么希望父亲能与家人多享受几年天伦之乐。

赤子之情，写下拳拳报国心

朱光亚生于1924年12月25日，湖北省武汉人，从中学起就对自然科学产生了浓厚兴趣。1945年，美国在日本投掷的两颗原子弹，唤起了中国人制造原子弹的梦想。当时的国民政府遴选了吴大猷、曾昭抡、华罗庚3名科学家赴美考察，当时吴大猷推举的两名同行助手，一名是李政道，另一名就是朱光亚。

1946年，年仅22岁的朱光亚登上了驶往美国的轮船。但踏上美国土地不多久，朱光亚就认识到了一个事实：美国根本不想对中国公开原子能技术，更不会帮助中国发展自己的原子能事业。

赴美考察小组被迫解散，但朱光亚并没有放弃。1946年9月，他去了美国密歇根大学，进行核物理学的学习和研究。

朱光亚在核物理学的天地里如鱼得水，在攻读博士学位期间，他以全A的成绩连续4年获得奖学金，并发表了许多优秀论文，顺利获得了物理学博士学位。

平步青云的科研道路没有让朱光亚冲昏头脑，他没有忘记初到美国时遭受的白眼，他更是一刻不敢忘记大洋彼岸的祖国。1949年10月1日，中华人民共和国成立的消息传来，更让他无比坚定报效祖国的决心。

1950年初，朱光亚联合了51名旅美留学生，牵头起草了《给留美同学的一封公开信》，信中写道："同学们，听吧！祖国在向我们召唤，四万万五千万的父老兄弟在向我们召唤，五千年的光辉在向我们召唤，我们的人民政府在向我们召唤！回去吧！让我们回去，把我们的血汗洒在祖国的土地上，灌溉出灿烂的花朵。我们中国要出头的，我们的民族再也不是一个被人侮辱的民族了！我们已经站起来了，回去吧，赶快回去吧！祖国在迫切地等待我们！"

△ "人类社会的发展更是人类的信息能力不断提高与跃进的过程"

不久，这封公开信刊登在《留美学生通讯》1950年3月18日第三卷第八期上，信中流露出的爱国情怀感动了无数海外学子，越来越多的中国留学生在朱光亚的鼓舞下，回到了新中国的怀抱。

那枚勋章，用一生浇铸

1950年，朱光亚回国仅仅4天后，就登上了北京大学物理系的讲台。1955年，党中央作出发展原子能工业的战略决策，朱光亚从东北人民大学回到北大，担负培养新中国第一批原子能专业人才的重任。后来他的学生中，有许多都成为中国核事业的中流砥柱。

1959年，苏联突然单方面撕毁合作协议，并撤走在华专家，使我国必须完全依靠自己的力量发展核事业。朱光亚临危受命，成为我国核武器研制的科学技术领导人。那一年，他只有35岁。

1964年10月16日，我国第一颗原子弹爆炸成功。那一天，朱光亚破天荒地喝醉了，这个知识分子所有的艰辛和隐忍，在那一瞬间

△ 2006年9月16日，朱光亚（右）与俞大光亲切握手

△ 2008年8月31日，朱光亚、许慧君夫妇手持北京奥运会火炬合影

都值得了。

仅仅过了2年零8个月，我国第一颗氢弹也爆炸成功。这两声巨响掷地有声地向全世界宣告，新中国已经跻身核大国行列。

作为我国核武器科技事业的开创者和主要奠基人，朱光亚为新中国的成长和壮大作出了不可估量的贡献。1999年，在中华人民共和国成立50周年之际，中共中央、国务院、中央军委作出决定，授予朱光亚等23名科学家"两弹一星"功勋奖章。

站在荣誉的最高峰，朱光亚却显得十分低调，绝少谈及自己的事情。甚至在早期的新闻报道中，都很少能找到介绍他的详细故事。

1996年，朱光亚将所获何梁何利基金科学与技术成就奖的100万元港币奖金悉数捐赠给光华工程科技奖励基金会，并叮嘱身边同事不要将这件事宣扬出去，以至于社会上对此事几乎闻所未闻，就连中国工程院内部都很少有人知道。

中山大学原校长曾汉民在京工作期间曾与朱光亚有过往来，并建立了良好的友谊。他表示,朱光亚是真正的大科学家,为人低调、沉默寡言。想让朱光亚表个态可不容易,在"工作中他总是详细地听取汇报,并反复调研,总是在想清楚之后才会发表看法"。

在《我们的父亲朱光亚》一书中,朱明远和夫人顾小英写道:"宁静而致远,这就是父亲这位'两弹元勋'的人生境界,他正是以这样的淡泊名利和无私奉献成就了科技强国的伟业。"

2004年12月,为表彰朱光亚对我国科技事业特别是原子能科技事业发展作出的杰出贡献,国际小行星中心和国际小行星命名委员会批准将我国国家天文台发现的、国际编号为10388号的小行星正式命名为"朱光亚星"。

老人带着一生的抱负和操劳走了,但天空中的那颗"朱光亚星",却还在熠熠闪耀。

2011年2月27日,北京下了雪,让这个春天显得圣洁而肃穆。朱光亚回国大展拳脚的那时节,也恰好是个初春。

《科学时报》(2011-02-28 第1版 要闻)

师昌绪

(1920.11—2014.11)

金属学及材料科学专家。河北省徐水人。1945年毕业于国立西北工学院，1948—1955年留学美国，获圣母大学冶金博士学位。领导研制出我国第一代空心气冷铸造镍基高温合金涡轮叶片等多项成果，并得到推广应用。2010年获国家最高科学技术奖。1980年当选中国科学院学部委员（院士），1994年当选中国工程院院士，1995年当选第三世界科学院院士（现发展中国家科学院院士）。

师昌绪：忠于事只为信仰

陆琦

一个令人揪心的消息传来：那位好管"闲事"的老头儿走了。几天前，医院传来的情况已不乐观，有关方面的领导密集前往探视。

2014年11月10日7时7分，中国科学院、中国工程院资深院士师昌绪在京辞世，享年96岁。

我国著名材料科学家、战略科学家，国家最高科学技术奖获得者，国家自然科学基金委员会原副主任、中国工程院原副院长，中国科学院金属所名誉所长……从师老生前一系列头衔、荣誉中，记者试图梳理这位一生忙碌并乐在其中的老人可敬的人生。

"人生第一要义"

"我最喜欢爷爷，人家都说他是个大科学家。"在师老孙子的眼里，爷爷就是一个胖胖的、每天笑眯眯的老头儿。只是师若尧小朋友不知道，对于这个国家而言，他的爷爷远不是一个"笑眯眯的老头儿"那样简单。他的爷爷，一辈子最看重的就是"国家"。

"师先生的生命历程布满荆棘，但始终充满爱国情怀，无论顺境逆境，都锲而不舍。"中国工程院院士柯伟回忆说。

20世纪50年代，师昌绪曾是美国当局明令禁止归国的35名中国

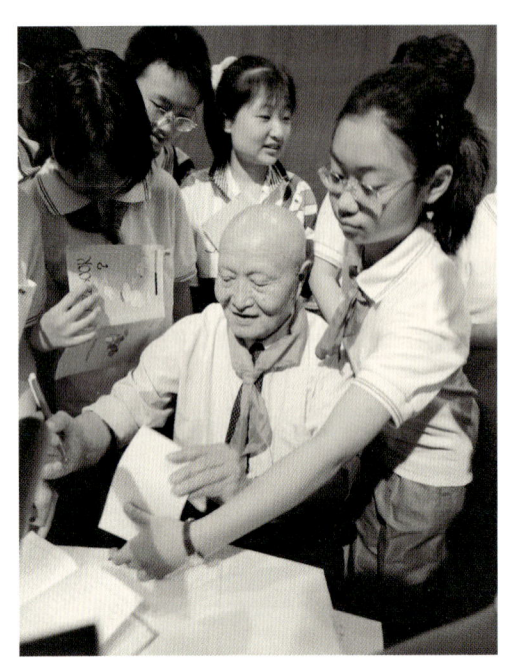

△ "促进我国科学技术的进步,在具体科技项目方面做出有创造性的成果固很重要,而科学管理与组织工作也不容忽视"

促进我国科学技术的进步,在具体科技项目方面做出有创造性的成果固很重要,而科学管理与组织工作也不容忽视。

我是一个"只问耕耘、不问收获"的人,只要对国家技术的发展有利,便努力为之。因调京十几年来疲于奔命,有时连星期天都被占用了,但心情是愉快的。

师昌绪
1994.5.26

留学生之一。

当时,师昌绪在美国留学。他联合其他学生集体写信给时任美国总统的艾森豪威尔,要求他撤销禁令。此次事件被《波士顿环球报》以通栏大标题报道,并最终迫使美国同意部分中国留学生回国。

"师昌绪在美国的早期研究工作,已经预兆了他在未来半个世纪的伟大贡献。他当年针对美国政府对共产主义的偏见、对中华民族的欺凌所做的斗争,则体现了铮铮铁骨。"中国科学院院士柯俊这样评价道。

师老开拓性地改进了百年来用锌提取液铅中金银的方法;完成的有关钢–锑–砷三元合金相图的博士论文,为今天化合物半导体的发展作出了贡献；参与美国空军课题"硅在超高强度钢中作用的研究"，为300M高强度钢的发展奠定了基础，这种钢材成为20世纪80年代之前世界上最常用的飞机起落架用钢。

不过，所有这一切，都不能阻挡一颗为国效力、归心似箭的心。

回到祖国的师昌绪被分配到位于沈阳的中国科学院金属研究所工作。当时高温合金是航空、航天与原子能工业发展中必不可少的材料。当时中国缺镍无铬，又受到资本主义国家封锁。师昌绪从实际出发，提出大力发展铁基高温合金的战略方针，并研制出我国第一个铁基高温合金。

师昌绪曾在其回忆录中这样写道："人生在世，首先要有一个正确的人生观，要对人类有所贡献。作为一个中国人，就要对中国作出贡献，这是人生的第一要义。"

"一竿子到底"

"中国高温合金之父"，这是国外同行送给师昌绪的称号。因为他，这一涉及航空航天军事领域的核心材料在我国从无到有，并摆脱国外掣肘；也是他，开创了我国金属腐蚀与防护领域，倡导材料科学基础研究与工业应用相结合。

在科学研究中，有些人只重视论文，将其称为"绣花"的工作；而科技推广被视为低水平劳动，是"织麻袋"的活儿。

但师昌绪不这么看。他认为，作为一个实用材料的研究与开发者，如果不能把研发出来的新材料、新工艺或新技术用于生产实践，就等于前功尽弃。

1960年冬，在国家经济最困难的日子里，为解决高温合金国产化问题，师昌绪带队亲赴抚顺钢厂展开攻关。

"为了工作，师先生每天清晨坐早班的闷罐车赶到抚顺钢厂，晚上坐最后一班车回来，根本顾不上正在怀孕亟须照顾的夫人。"多年来，中国科学院院士李依依仍然记得，在几年的时间里，师昌绪跑遍了国内的航空发动机生产厂家，帮助解决生产过程中的实际问题。

"当年沈阳航空发动机厂发生特大晶粒叶片报废事故，师先生就带领我们利用独创的喷丸氩气联合处理，使6000片叶片得以重生。人们都佩服地称其为'材料医生'。"李依依回忆说。

1975年，在"文革"中备受折磨的师昌绪刚被"解放"，就毫不犹豫地领命奔赴贵州170厂指导空心叶片生产。

"下厂后吃的是发霉的大米、地瓜干和东北运去的玉米面，住的是简易宿舍。"师昌绪夫人郭蕴宜说，他这个人就这样，脚踏实地，认为实验室出来的东西一定要推广到实际应用，做工作要做到底。

在祝贺师昌绪八十华诞时，中国工程院原院长朱光亚如是说：学习师老从事科研工作坚韧不拔、"一竿子到底"的精神，加速科研成果向生产力转化进程。

"只问耕耘，不问收获"

师昌绪生前接受采访时曾表示，自己此生可用"热心"二字来概括。

对于这一点，和师昌绪相濡以沫半个多世纪的郭蕴宜十分认同："到老了都是这个特点，好管闲事、有求必应，无论私事公事。"当然，有时候也会抱怨："他每天都要去上班，就是怕要给我做早饭。"

凡是于国有利、于民有益的事，师昌绪都要管一管。而且，不仅是倡导一下，还要负责到底。几十年如一日，不改"一竿子到底"的作风。

1984年，花甲之年的师昌绪调到中国科学院技术科学部工作。他敏锐地感到来自世界新技术革命的挑战，组织学部委员开展重大战略问题咨询，并提出科技和经济不能"两张皮"的观点。

△ "科学与中国"系列报告——师昌绪在科技馆作报告

1992年,他与5位科学家一起提出成立中国工程科学院的建议。两年后,中国工程院成立,师昌绪当选为首批院士和首届副院长。

在国家自然科学基金委员会任副主任时,他就我国基金制发展提出很多具有创见性的建议。1997年,我国启动重大基础研究规划的立项工作,在师昌绪等科学家的积极建议下,材料被列为重点支持领域,从而推动我国材料科学研究驶入快车道。

近30年来,师昌绪管的"闲事"难以计数,却从未想过回报。"父亲为人做事一心为公,心无杂念,认为应该做就做。"在儿子师宁眼里,师昌绪是个"只问耕耘,不问收获"的人,"这也是父亲教给我的最大的人生哲理"。

愿做热心人

得知师老去世的噩耗,《中国科学报》多位记者在悲痛之余,回忆了与师老交往的诸多细节。

2004年春天的资深院士联谊会成立大会上,《中国科学报》记者看到,师老作为联谊会会长忙前忙后,对前来参会的老科学家嘘寒问暖。作为84岁的老人,他对资深院士相对寂寞的晚年生活深有体会,尤其想通过组织的力量将他们的日子安排得丰富多彩一些。

△ 师昌绪(右一)与干勇等讨论工作

2005年8月,有关方面为我国炼油技术奠基人、两院院士侯祥麟组织先进事迹报告会。师老应邀作报告,一位记者被分配起草师老的发言稿。师老对记者说,我先写初稿,你到时候放心大胆地改就是了。这让记者忐忑不安,说"师老还是我来写初稿,然后您改"。后来,师老的发言赢得了热烈掌声。

2005年9月,记者在国家自然科学基金委员会采访师老。专访文章在《科学时报》(现为《中国科学报》)发表后,反响热烈。对于这个结果,师老曾直言不讳地说:"我就是比较喜欢管闲事,不怕得罪人,性格就是这样!"

△ 师昌绪（右）和洪朝生（左）在院士大会会议间隙交流

师老总是精神矍铄。每天早上他会走路30分钟，打拳10分钟，一天睡4到6个小时。如果不出去开会，去办公室仍是这位90岁老人的日常功课。记者问起师老长寿的秘诀，他说无他：一是勤奋，自然比别人做得好；二是恒心和毅力，否则一事无成；三是诚信、宽容，允许团队内不同意见的存在；四是豁达，比较看得开，不存在不高兴的事。

师老对人热心，几乎有求必应；热心出版事业，做过6个杂志的主编；热心学会工作，在中国科协支持下组织成立中国材料联合会，并发展为中国材料研究学会。

情系《中国科学报》

师昌绪和《中国科学报》有颇多交集，也由此建立深厚的感情。他不仅多次接受《中国科学报》记者专访，热心参加报社组织的重大活动，还连续多年为该报撰写年终特稿"学科述评系列"的材料科学部分。

在2009年的述评中，他就曾强调我国论文数量增长很快，但引用率不高，同时我国还很少发表有世界影响力的科学期刊等问题。这些至今仍是制约我国成为科技强国的重要问题。

师老对我国冶金材料、材料科学方面的贡献世人皆知，但在科学基金这片培育创新的"沃土"上的辛勤耕耘却不为人们熟知。因此，在师老90岁寿辰之际，《中国科学报》特别推出专题报道，向读者多角度重现师老和老一辈科学基金人在初创阶段的峥嵘岁月。

2011年9月4日，时任国务院总理温家宝利用周末时间，在中国科学院副院长李静海等的陪同下看望师老。在和总理告别时，师老忍不住说了一句："我们应加强媒体宣传科技的内容。"这句话让总理止住了脚步。"科教兴国，媒体应在培养孩子的科学兴趣上发挥更大作用，"师老强调，"应多做一些图文并茂的科普宣传。对于像《中国科学报》这样能给科学家提供自由发表言论的媒体应给予扶持。"

2013年11月，师老在《中国科学报》发表的"最后一篇"署名文章是为纪念著名冶金和金属物理学家李薰诞辰一百周年而作。师老说，他们那批人回国不是为了寻找更好的机遇，而是一心报国，所以才会形成一个"学术自由、勇于创新的和谐小社会"。

《中国科学报》(2014-11-11 第1版 要闻)

传承 大国工程 使命担当

彭士禄

（1925.11—2021.03）

　　核动力专家。生于广东省海丰县。1956年毕业于莫斯科化工机械学院，后又在莫斯科动力学院核动力专业进修，1958年结业回国。长期从事核动力研究设计工作，是我国核动力领域的开拓者和奠基者之一。1994年当选中国工程院院士。

彭士禄："彭大胆"和他的"三个夫人"

甘 晓

北京海淀区，2011年8月23日傍晚，暑气渐渐退去。一个普通住宅小区里，一名坐在轮椅上的银发老者精神矍铄。对他，小区的居民并不陌生。但是，大部分居民并不知道，这位老者便是大名鼎鼎的"潜艇核动力之父"——中国工程院院士彭士禄。

1925年，彭士禄出生在广东海丰县的一个红色家庭里，父亲彭湃是中国共产党早期农民运动的主要领导人之一，母亲蔡素屏则是当地妇女解放协会执行委员。加之陪伴他一辈子的核动力专业，彭士禄的人生显得与众不同。

"彭大胆"和"彭拍板"

熟悉彭士禄的人都知道，他有两个绰号——"彭大胆"和"彭拍板"。

1958年，彭士禄结束在莫斯科动力学院核动力专业的学习生涯，踏上回国之路。从此，他的一生便与中国核动力事业分不开了。

我国建造核潜艇的过程几乎从零开始。彭士禄说："当时我们这批人有学化工的，有学电的、仪表的，我们大多数人不懂核，搞核潜艇全靠四个字：'自教自学'。"

△ "核能是取之不尽、用之不竭的能源，应大力发展核电，为民造福"

研究人员常常为一些工程问题陷入激烈争论。因为时间太紧张，争论不休的问题总是由彭士禄来拍板、签字。

于是，"彭大胆""彭拍板"的外号渐渐被人叫响。但"彭大胆"并非有勇无谋，他故作神秘地说："其实，当'彭大胆'有个秘诀，一定要用数据说话！"牢牢掌握实验数据就是他大胆做决定的依据。

中国核动力研究设计院原总工程师黄士鉴与彭士禄共事多年，他说："'用数据说话'是他的名言，后来也成了我的原则。"

时间回到1970年8月30日，在核潜艇研制项目中，这是极为重要的一天。一个多月前，试验用的反应堆开始缓缓提升功率，而每提高一挡功率，出现的险情就越多。随着问题日渐增多，反对提升功率的声音也频频出现。

这天，彭士禄决定进行一次主机满功率试验。但是，负责基础数据运算的黄士鉴却并不知道老彭的计划。

试验现场被相关机构的人员围得水泄不通。下午6点钟左右，黄士鉴发现，竟然是满功率！黄士鉴以为自己算错了，并没有吭声。

随后，手摇计算机算出了第二次、第三次的结果，黄士鉴确定，主机满功率运转！这时，他才向彭士禄报告了计算结果。

后来，彭士禄问黄士鉴："为什么刚才算了三次？"他诚实地回答："彭总，我怕算错了。"彭士禄投以赞赏的眼光，只应了一个字："好。"

这一段经历给黄士鉴留下最深刻回忆的可能并不是令人兴奋的"满功率"，而是彭士禄对他坚持"用数据说话"的肯定。

"三个夫人"

"中国第一代核潜艇之父""中国核电事业的拓荒者"，彭士禄在我国核事业上成就不凡，林林总总的名头也加在了他的头上。

彭士禄总会被问及一个问题："您如何看待'潜艇核动力之父''核电事业拓荒者'的荣誉？"彭士禄总会谦虚地说："我只是一颗螺丝钉，对国家没什么贡献。"然后，他话锋一转，边笑边说："我

▷ 深情的军礼

贡献最大的就是买烟酒茶交的税！"

时至今日，坐在轮椅上的彭士禄仍然每天在护工陪护下去买啤酒。"他经常用20块钱买一瓶啤酒，告诉服务员不用找钱。"说到这里，彭士禄的邻居、中国核工业集团科技委常委张禄庆笑了："彭总待人谦和，完全没有架子。"

生性开朗的彭士禄爱交朋友。"朋友多了，眼界也开阔了，"他说，"烟酒茶能帮助我交朋友。"

老同事黄士鉴回忆，有一次，彭士禄回到曾经工作过的单位看望老同事，席间酒是必不可少。他还特别嘱咐时任单位负责人的黄士鉴，一定要把曾经在这里工作过的行政人员也叫来。

"我是吃百家饭、穿百家衣、姓百家姓长大的，所以对老百姓有

◁ 彭士禄夫妇

很深的感情。"彭士禄说。

关于烟酒茶,朋友间流传着彭士禄有"三个夫人"的趣事。一天早晨,彭士禄在床上发愣,说:"我在想我的第一夫人。"彭夫人说:"我吗?"彭士禄马上说:"不,我的第一夫人是核动力。"夫人说:"好,这个我让。第二夫人该是我了吧?"彭士禄打趣地说:"第二夫人是烟酒茶,第三夫人才是你。"

提起"第三夫人",彭士禄幸福地说:"我们感情非常好,家庭非常和谐。"

1953年,作为喀山化工机械学院学生会干部的彭士禄接待了一批新近到达苏联的中国留学生,也是在这时,彭士禄与比他小9岁的马淑英相识,他亲切地称呼她为"玛莎"。1958年6月回国后,彭士禄便与马淑英喜结连理。

半个多世纪后,耄耋之年的彭士禄回忆起与夫人相识的情景,嘴角仍然漾起微笑。"我没有送过她什么礼物,但我一直把她当我的小妹妹,"他深情地说,"我要感谢玛莎对我的爱。"

《科学时报》(2011-09-01 第1版 要闻)

传承　大国工程　使命担当

傅熹年

(1933.01—)

　　建筑历史学家，主要从事中国古代建筑史研究。1933年1月出生于北平，1955年毕业于清华大学。重点研究中国古代城市和宫殿坛庙等大建筑群的规划、设计手法及建筑的设计规律。1994年当选中国工程院院士。

傅熹年：对古建筑最极致的爱

程唯珈

北京中轴线是世界城市史上极为罕见的一条建筑艺术轴线。然而，经科学家测量发现，这条线并非正南正北，而是与子午线有所偏离。倘若当真如此，元明清三朝皇帝的宝座岂不都是歪的？这座体现中国古代城市规划最高成就的都城，为何会出现中轴线偏离的设计，究竟是有意为之还是另有其因？

这是中国工程院院士傅熹年最近正在研究的课题。

从三国两晋的建筑面貌复原到明清建筑的深层剖析，多年的求索和努力，让傅熹年赢得了很多赞誉：中国工程院首批院士、建筑历史学家、文物鉴定专家……

"我这一辈子只干一件事，就是钻研中国古代建筑。"近日，在接受《中国科学报》采访时，这位耄耋老人的眼中闪烁出熠熠光芒。平淡细碎的闲聊，拉扯出中国建筑史的千头万绪；坦诚且纯粹的话语，记录着一位建筑学者的匠心匠行。

记载古代建筑变迁

回首傅熹年职业生涯的起点，不得不提到一个人，他就是我国著名建筑学家梁思成。

△ "发扬优秀的历史传统,创造有中国特色的现代建筑"

一次偶然的机会,正值高三的傅熹年在《新观察》和《文物参考资料》上读到梁思成介绍中国古代建筑和明清北京城的两篇文章,受益匪浅,萌生了从事建筑研究的想法。

怀揣一腔热血,傅熹年报考了清华大学建筑系。在读期间,他对梁思成的铅笔单线速写尤为钦佩并反复临摹。毕业后,他先后成为梁思成和刘敦桢两位教授的助手,协助他们进行中国近代和古代建筑史研究。

令傅熹年印象最深的,莫过于和梁思成合作研究1840年后中国进入半殖民地半封建社会的北京建筑。

"我的主要任务是对梁先生指定的北京近代建筑实物进行实测、绘图、拍照,并收集文献资料,撰写分项调查报告,为梁先生的研究专题收集和积累素材。"傅熹年回忆说,在一次参观东交民巷圣弥厄尔教堂时,自己为梁思成拍摄了一张照片,还受到他指责,说不许再使用公家胶卷拍摄私人照片。

"不过这也是梁先生主持此项工作期间留给世人的唯一照片,弥足珍贵。"傅熹年补充道。

1963年起,傅熹年又作为助手参与刘敦桢主编的《中国古代建筑史》工作,负责制图、核查资料和编写注释。其中,傅熹年先后将西安唐大明宫的麟德殿、含元殿、玄武门等重要遗址绘成复原图,并将一些能反映古代大建筑群布局特色的古碑、古图,如宋刻汾阴后土庙图碑、明绘太原崇善寺图等,按照现代画法转绘成鸟瞰透视图,为建筑史增添了形象资料。

随后,他又参与麦积山石窟的调查与绘图工作,积累了大量北朝建筑史料,并撰成论文。

从业数十载,数万张建筑手稿、上百万字的学术论著,傅熹年从未停下脚步,在不同地域、不同文化、不同类型的建筑研究项目中,用画笔和文字记载着中国古代建筑的历史变迁。

△ 1984年,中国古代书画鉴定组在故宫鉴定所藏书画,前排左一为傅熹年

剖析古代建筑智慧

鉴于中国古代建筑史方面出色的研究工作，1994年傅熹年被选为中国工程院首批院士之一。"院士头衔只是一个称号而已，我还是继续纯粹地埋头研究中国古代建筑。"傅熹年说。

经过多年积累，他将目光转向了形成中国古代建筑突出特点的单体建筑设计、群组布局和城市规划等问题。

其中，傅熹年重点研究中国古代城市和宫殿、坛庙等大建筑群的规划、布局手法及建筑物的设计规律，揭示出中国古代城市以宫城、里坊为模数，大建筑群以主院落为模数，单体建筑以所用材和柱高为模数等一系列运用模数控制规划和建筑设计的方法。

△ 傅熹年在中华艺术大家讲习班授课

"北京城的东西宽为紫禁城宽的9倍，南北深为其5.5倍。以紫禁城面积为标准在北京城地图上画网格，你会发现与较多南北向干道重合或极其接近，这表明宫殿与都城间有模数关系。"傅熹年介绍，紫禁城内各主要宫殿以内廷主建筑群"后两宫"的面积为模数，明初天坛以大祀殿下土台面积为模数，社稷坛以拜殿、祭殿面积之和为模数。

研究中，傅熹年发现，在建筑群组内的建筑布置中，大多把主建筑置于宫院地盘的几何中心，以突出主体，紫禁城中主要宫院和太庙、社稷坛等都是这样。

而在日本飞鸟、奈良时期的建筑中，人们也能寻觅到中国古建筑的设计理念。

傅熹年介绍，日本飞鸟、奈良时期（约中国隋唐时期）建筑法隆寺金堂、五重塔的构架设计都以材高（泥道栱高）和一层柱高为模数，而这些理念多源于中国，可间接推知早在中国南北朝末期，中国木构建筑运用模数设计已达到这一水平，足以彰显中国古代在城市规划和建筑设计方法上的先进性。

"通过这些工作，我逐步看到这些特点和规律的形成与古代哲学思想、伦理观念、礼法制度、文化传统、艺术风尚、生活习俗、宗教信仰、建筑等级制度等社会和人文因素有密切的关系。"傅熹年说，这也是沿袭了梁思成"建筑源于环境思想之趋向者"的思想。

为此，他申报了《社会人文因素对中国古代建筑形成和发展的影响》专题研究项目，探讨中国古代建筑持续发展、长期延续、形成独立建筑体系的原因，并出版了近20万字的图书。

传承古代建筑匠心

建筑史是一门广博高深的学科，往往需要几代人的不懈努力才能有所成。在傅熹年看来，除个人勤奋外，重要的是在通观全局的基础上选准关键问题进行突破，而这离不开学术自由的"土壤"。

"非常幸运，成为院士后可以继续专心研究建筑史。"傅熹年说，中国工程院给了自己很大的自由空间，让他可以充分钻研热爱的事业，于他而言这已足够。

不过，傅熹年对现代建筑并无太多关注。当记者问起对现代建筑设计的看法时，这位老人表示："我只专心钻研古代建筑。"

但他指出，无论是古代还是现代，一座建筑的优劣不仅体现在目光触及之处，建筑中看不见的细节更展现了建筑师对匠心精神的终极追求。无论是尺寸比例还是空间构建，都是一门严谨的艺术。

"研究古建筑是一个艰苦且漫长的工作，但我还会长期坚持研究下去。"如今的傅熹年依旧天天来到中国建筑技术研究院，一刻也未曾歇息。和所有同事一样，朝九晚五地查阅资料、撰写书稿，已然成为这位耄耋老人的日常。

△ 启功与傅熹年（左一）鉴定古字画

在傅熹年的案头，醒目地放着一本《中国古代城市规划、建筑群布局及建筑设计方法研究》，这部记载并传承中国古代建筑发展历程的著作，凝结了他的诸多心血。当记者问是什么支撑他奋战至今，老人坦率地回答："没有原因，仅仅出于对古建筑最极致的爱。"

《中国科学报》（2019-06-10 第1版 要闻）

何继善

(1934.09—)

　　信息物理与工程管理专家，主要从事电磁波传播、探测技术与仪器和工程管理理论研究。1934年9月出生于湖南省长沙市。1960年毕业于长春地质学院。长期致力于地球物理理论、方法与观测仪器系统的研究，创立并发展了以"双频激电法"、"伪随机信号电法"、"广域电磁法"和"流场拟合法"为核心的地电场理论和仪器，在国内外得到广泛成功应用。1994年当选中国工程院院士。

何继善：探深地万米做"中国创造"

杨 晨

对中国工程院院士何继善来说，他的征途在广阔却隐秘的深地世界中。

过去60余年里，他致力于地球物理理论、方法与观测仪器系统的研究，创立并发展了以"双频激电法"、"伪随机信号电法"、"流场拟合法"和"广域电磁法"为核心的地电场理论体系和相应的系列仪器，为国家油气勘探、深部找矿、地质灾害防治、城市物探等提供了全新的技术手段。

这些领先世界的"中国创造"，在为国家资源安全提供技术保障的同时，也让能源自主权紧紧握在我们自己手中。

但谈及过往工作，何继善谦虚地说"惭愧"。他认为，做这些事是本分，是为国家需求而做。

如今耄耋之年的何继善，仍然生活自律，关心国家大事，每天满负荷工作。他还经常吟诗作赋、挥毫泼墨。最近，他正在将住处的一间房改成模拟实验室，方便团队做研究。不过他说，真正的实验室在广袤的大地。

心怀大志　向往崇山峻岭

因日军侵略而颠沛流离的经历，让年少时期的何继善坚定了努力读书，改变国家积贫积弱面貌的决心，父母也十分重视他的教育问题。奈何逃难和恶性通货膨胀，迫使何继善多次辍学。

1949年中华人民共和国成立，何继善获得了人生第一个工作机会。几年后，国家实施第一个五年计划，何继善走到工业建设第一线，前往湘东的钨矿当化验员。

除了给矿场做化验，何继善还化验当地地质队送来的样品，因此有机会听地质队队员讲述于崇山峻岭间探索的精彩故事。这让何继善的心中充满了向往，"感觉他们很神秘，很了不起"。

尽管上岗前参加了培训，但何继善总觉得基础薄弱，很多文章看不懂，对操作规程不太理解，盼望着"有继续深造的机会"。

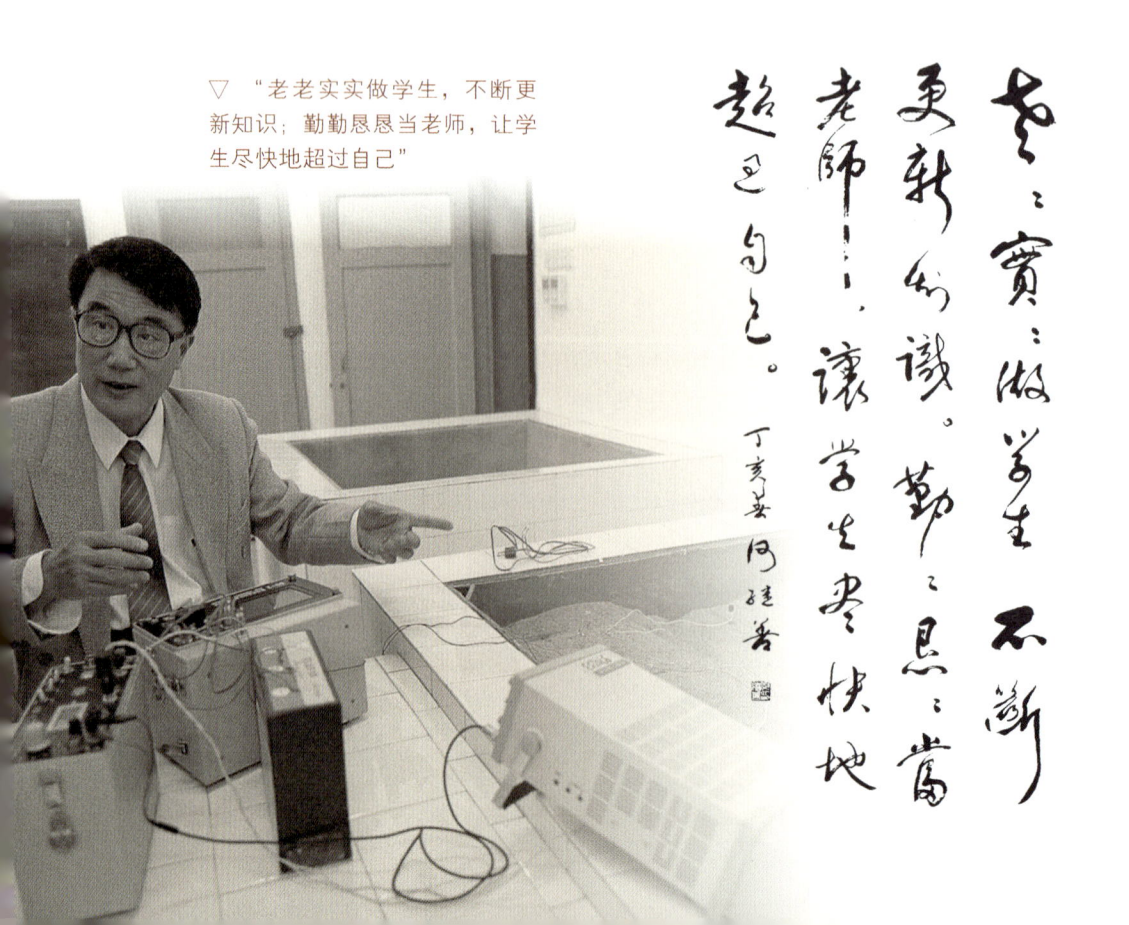

▽ "老老实实做学生，不断更新知识；勤勤恳恳当老师，让学生尽快地超过自己"

▷ 笔耕不辍

机会很快就来了。1956年,党中央发出"向科学进军"的号召,同时号召具有条件的在职干部报考大学。组织部门本来联系何继善去中南矿冶学院学习分析化学,但遗憾的是,这一年此专业并无招生计划。

突然,地质队员们口中神秘的地下世界出现在何继善脑海中,燃起了他更大的求知欲。于是,他报考了东北地质学院的物探系金属物理勘探专业。毕业后,他被分配到中南矿冶学院地质系任教。

从那时起,何继善便开始醉心于给地球"把脉",翻山越岭、风餐露宿地做考察、搞实验。至今,他仍能细数为了做调查而闯入野外无人区的种种:悬崖边蜿蜒崎岖的山路、山脚穿背心山上套毛衣的温差、只蘸一点辣椒和盐巴调味的伙食……

实践过程中,何继善有了新的感悟,"发现我们和其他国家,在科学技术方面有不小的差距"。我们如何能够迎头赶上?自己又能做什么?何继善不断思考着。

挑战"权威" 设计符合国情的仪器

20世纪60年代后期,何继善因重编教材需收集资料,到广西、贵州、云南、四川、陕西等地开展矿产资源调查。

当时，虽然云南个旧锡矿资源十分丰富，但浅部已经开采殆尽，深部锡矿的探测工作也因地形陡峭崎岖对电场的畸变而举步维艰。当时地方冶金局利用的"坐标网转换法"这一地形改正方法，并不能降低地形因素对地电场分布的影响，因此探测误差很大。

"坐标网转换法"是从苏联引进发展的，是一项全国推广的成果。而在云南开始研究后，何继善发现，"坐标网转换法"的基本数学依据是"保角映射"，这是一种二维理论，但野外环境都是三维立体的。

在查阅资料并反复计算、实验后，何继善大胆提出了点源场电阻率地形改正方法，帮助当地很快找到了锡矿，其预测准确率达85%。"可以说是奇迹了。"何继善为此感到骄傲。

这件事也让他意识到，电法探测仪器的设计和利用，不能盲目地实行"拿来主义"。"仪器本身凝聚了设计者的思考，它应该符合国情，体现我们国家的特点。"

▽ 何继善（右二）调研重庆永川区一个页岩气井区

何继善认为，中国国土区域经历了多次大的地质构造运动，矿产资源受到改造或破坏的程度大，导致探测难度大大增加。相比之下，国外（苏联）地质构造没那么复杂，所以他们提出的理论和技术在中国可能"水土不服"。

20世纪70年代，国外学者通过将电磁波曲面波方程简化为平面波方程，获得了"视电阻率"参数的近似解，创立了人工源电磁法测定地下电阻率的"可控源音频大地电磁法"（CSAMT），至今仍被推崇。

但何继善曾对此方法提出了质疑。"西方学者聪明反被聪明误，把曲面波看成近似平面波，方程简单多了，容易得出近似解，但探测深度和分辨率会受限。"何继善分析道，随着探测深度的加大，CSAMT的公式误差会迅速加大，其分辨率也会明显降低。

为了实现更精细准确的探测，为国家找到更优质的资源，何继善开始了长达10余年的研究，并最终于2005年提出了精确求解地下电磁波方程的"广域电磁法"。他还基于该理论研发出电磁探测成套装备，为勘探工作提供科学支撑。

从应用效果看，与CSAMT相比，广域电磁法将探测深度从1.5千米增加至8千米，而且在相同条件下，其收发距离和信号强度都远优于CSAMT。在何继善看来，广域电磁法"更具生命力"。

不计得失　做对国家有用的事

何继善做研究有个习惯，在没有十足把握之前，不立项，也不申请国家经费。

"不管是双频激电法还是广域电磁法，我都是根据国家的需求去做的，但我没有一开始就向国家要钱。"他说，怕万一失败，造成浪费。

广域电磁法提出后，何继善自筹经费，启动设备研发和相关实验。2007年，他找到大庆油田相关领导，请求帮忙提供一块深部情况已知的场地，对广域电磁法进行验证。对方欣然应允。

那年冬天，何继善和团队一起租住在场地附近的小旅馆。低于零下20摄氏度的气温，旅馆却舍不得烧煤。大庆油田的同志们得知后，立刻送来了煤和棉大衣，这让何继善倍感温暖。

最终，勘探油气的试验取得成功，第一次证明了广域电磁法的探测深度、分辨率以及各项指标，为后续的推广应用工作打下了基础。

双频激电仪的研制更是花费了何继善不少心血。他专门跑到上海买了包括集成电路在内的5套器件，还请了来自黑龙江、甘肃、辽宁和云南搞维修的技术人员，专门制作仪器。

技术人员既不懂双频激电的原理，又不了解集成电路，何继善只得给他们集中授课，一边教一边做。其实何继善也是自学成才。大学期间，他只上了电子管相关课程，后来需要的晶体管和集成电路知识，都是自己翻书研读掌握的。

大概过了一年，大家弄清了原理，做成了仪器。何继善便让他们带着成果各自回到家乡，进行试用推广，最终达到了预期的效果。

△ 何继善（左一）实地考察重庆三峡区域两岸危岩滑坡地灾情况

▷ 何继善参加某签约仪式

何继善很高兴大家的付出没有白费。

"我的每一次设计发明,都是由相应的理论、仪器、技术组成的体系。"何继善说,只提理论、发文章是远远不够的,必须根据理论设计仪器,还要形成一套技术规程,使之在工程中发挥作用。

做对国家有用的研究,何继善向来不舍昼夜,不计成本。老骥伏枥,志在深地万里。如今,这位年已90岁的老人,仍在关注着国家地热资源的合理开发和利用。

"我国有3条储能丰富的地热带,资源丰富。地热开发相对来说更经济、稳定、环保且安全,对保障国家能源安全有重要意义。"何继善说,近几年,他指导团队在东南沿海、云南等地区,进行了地热分布的探测和研究。

万事开头难。他盼望着尽快推进地热资源的开发,并早日实现大规模商用,惠及千家万户,为我国实现"双碳"目标添砖加瓦,为践行"为国分忧,为民造福"的理念而不懈奋斗。

《中国科学报》(2024-05-10 第1版 要闻)

朱高峰

(1935.05—)

通信技术与管理专家，主要从事电信科学研究。1935年5月出生于上海市。1958年毕业于苏联列宁格勒电信工程学院，获工程师学位。曾主持完成中国第一个晶体管60路载波系统工程，负责总体设计的中同轴电缆4380路载波通信系统，打破了国际上对我国的通信技术封锁，填补了国内空白，1994年当选中国工程院院士。

朱高峰：立足实际，
发展中国工程技术

卜 叶

早上9点，记者走进朱高峰的办公室，老先生已在伏案工作，一摞摞资料整齐地堆放着，竟然占据了大半个办公桌，显示着他每天的工作量。在清晨暖阳的映照下，朱高峰的脸庞与他的办公室一样一丝不苟。

作为中国工程院首批院士之一，在参与工程院筹建和担任副院长的8年里，朱高峰为该院的定位、总体规划、院士制度建立、国际交流、战略咨询等，倾注了大量心血，做了大量严谨细致的工作。

朱高峰闲不下来，虽然早已卸任副院长一职，但仍以院士的眼界和担当关注中国的工程教育、制造业发展和信息技术进步等问题。"中国的工程教育亟待发展新技术，亟待跨界，亟待增加相应的社会科学、人文科学知识；工程技术讲求系统性、可实现性，工程技术问题要看全局，考虑社会、经济的要求……"每个涉及工程技术的话题，朱高峰都言辞恳切、目光灼灼。

△ 治学做人重在"实"

从邮电部到工程院

相较于发达国家，中国成立工程院是比较晚的。瑞典于1919年率先成立皇家工程科学院，美国和英国在"二战"后也成立了国家工程科学院和皇家工程院。

1978年，瑞典、美国、澳大利亚、英国等国家工程科学院发起成立了国际工程与技术科学院理事会（CAETS），旨在加强国际工程技术的交流合作。

朱高峰回忆，CAETS每次例会都会邀请我国派人参加，但只是"旁听"而已，不能参与决策过程。因此，早在20世纪80年代，张光斗等中国科学院学部委员就向国家提出成立中国工程科学院的建议，但一直存在分歧。

直到1992年，张光斗、王大珩、师昌绪、张维、侯祥麟、罗沛霖等6位学部委员联合署名发出"关于早日建立中国工程与技术科学院的建议"，上报国家领导人，终于得到回应。当年，中国工程院筹建工作正式开始。时任邮电部副部长的朱高峰也被委派参与筹建领导小组工作。

朱高峰告诉《中国科学报》记者，其间频繁召开座谈会，讨论中国工程院的名称、性质和作用，与中国科学院的关系，院士制度等问题。"考虑到当时中国科学院部分学部委员的工程背景，领导小组建议首批产生的约100位院士中，有30位来自中国科学院学部委员，另外约70位院士由筹备小组经推荐评议后投票选举产生。"

△ 2019年，84岁的朱高峰为上海工程技术大学改革后的工程导论上了第一节课

此建议被采纳。1994年中国工程院成立，同年经评选产生了96位中国工程院首批院士，朱高峰也在名单之列。

中国工程院成立后，原本打算继续在邮电部工作的朱高峰收到调令——调任中国工程院副院长。"当时国家希望工程院第一任领导班子至少有一位具有行政管理经验，院士中搞研究的比较多，我有一定行政工作经验，就被推荐了。"朱高峰说。

实事求是　贡献智慧

三峡，这座世界上规模最大的水电站、中国有史以来最大的工程项目，自然少不了中国工程院的参与。

当时，就三峡水电站的电机是国产还是进口引发了争议。电机研发专家提倡国产，电站建设方希望进口，争执不下，问题报送到了国务院。

△　2020年12月9日，中国无线电大会在北京泰富酒店开幕。朱高峰（左）出席开幕式

"中国建造了不少水电站,但与三峡相比规模都较小。三峡的水头不算高,但水量很大。没做过就没经验,要实事求是,工程已经开工,不可能原地等着国内技术成长。"朱高峰回忆说,"领导听取各方面意见后决定,三峡水电站的电机设备首批引进,国内企业和研究人员参与建造学习,逐步消化吸收,建设中期实现部分国产,后期实现国内生产。"

其实,朱高峰长期关注的制造业发展也曾有过争议。20世纪80年代中期,国外有专家表示信息化时代到来,建议中国不要继续发展工业制造业,而直接跨过工业化时代,进入信息化时代,这看似鼓舞人心的建议引起了国内工业制造业领导和专家们的强烈不满。

尽管自己从事信息行业,但朱高峰认为,工业是国民经济的基础,工业化必须搞好。"改革开放后我国工业制造业实现了跨越式发展,制造业在GDP的占比逐步提高,但以此认为可以放弃制造业是不对的。中国十几亿人口的吃穿住行离不开制造,我国的工业制造业要长期坚持下去。"

在朱高峰等专家的坚持下,中国的工业制造业建设并未废弛。

中国的工业制造业如何发展?中国如何从工业制造大国走向制造强国?为了回答这些问题,2013年,在朱高峰和中国工程院原院长周济等人的发起下,中国工程院重点咨询研究项目"制造强国战略研究"启动。

在朱高峰看来,我国的制造业应该走以质量为主、提高价值、坚持自主创新、打造制造强国的道路。

"咨询建议必须建立在实事求是的基础上,让我说话,我就要说真心话。"朱高峰说。

成为不可或缺的CAETS成员

除了为国家提供战略咨询,中国工程院另一项职责便是加强中国工程技术的国际交流合作。

朱高峰至今仍记得，早在工程院筹备之初，工程技术专家就希望能够早日加入CAETS，成为正式成员。"工程院成立3年多时，国内工业制造业的体量、工程院的运行情况等都达到了CAETS的要求，院士们未忘初衷，希望将此事提上议程。"

但CAETS有个规定，新成员必须要成立5年以上。因此，当时朱光亚、师昌绪、朱高峰等中国工程院领导都曾赴瑞典、美、英、澳等CAETS成员国的工程院，学习经验，同时探询其对于中国工程院加入CAETS的态度。

很多国家认为中国是大国，情况特殊，中国加入的作用大，因此表示赞同中国加入。但也有些国家的工程院说"不行"，理由是中国工程院的经费来源于政府。朱高峰当即恼火了："美国国家工程院的经费也有部分来自政府的，为什么可以？"一句话砸过去，对方竟哑口无言。

△ 中国工程院在云南省会泽县和澜沧县挂职的两位干部来到北京，为朱高峰（中）送捐赠证书

△ 朱高峰在"青少年走进中国工程院"活动中讲课

就这样,刚刚成立3年多的中国工程院提交了加入CAETS的申请,CAETS派员考察中国的情况后,并无异议。随后,在1997年的CAETS英国爱丁堡会议上,全票通过表决,中国工程院成功加入CAETS。

经过朱高峰等人的不懈努力,使得中国工程院提前加入CAETS,为中国了解世界工程技术发展提供了窗口,也为中国工程技术走向世界提供了平台。

《中国科学报》(2019-06-06 第1版 要闻)

传承 大国工程 使命担当

郭孔辉

（1935.07— ）

汽车设计研究专家，主要从事汽车工程研究。1935年7月出生于福建省福州市。1956年毕业于吉林工业大学。我国汽车行业著名专家，在国内外同行中享有很高的声望，在汽车系统动力学及其相关领域造诣精深。1994年当选中国工程院院士。

郭孔辉：为中国汽车发展做些事

卜叶

从战火四起的年代到新中国成立，从计划经济到改革开放，由航空到汽车，由企业到院校，郭孔辉握着科研的方向盘一直奔驰在中国汽车行业发展的最前线。

"我只对科研感兴趣。"作为与共和国汽车工业一起成长的中国工程院首批院士之一，郭孔辉感慨道，"我毕生都在从事自己喜欢的科研事业，虽遇到过不少辛酸和苦闷，但也尝到许多快乐和甘甜。"

当选院士的压力与动力

1993年，早在中国工程院成立之前，郭孔辉就参与到筹备工作中。当时，筹备领导小组内工程技术领域专家占比小，为了保证首批院士遴选的专业性，在保留原6位发起人（张光斗、王大珩、师昌绪、张维、侯祥麟、罗沛霖）的基础上，增加了若干位工程技术背景较强、有代表性的中国科学院学部委员和专家，郭孔辉就是其中之一。

1994年2月，国务院宣布成立中国工程院并实行院士制度的决定。中国工程院院士遴选工作正式启动。郭孔辉的条件符合评选要

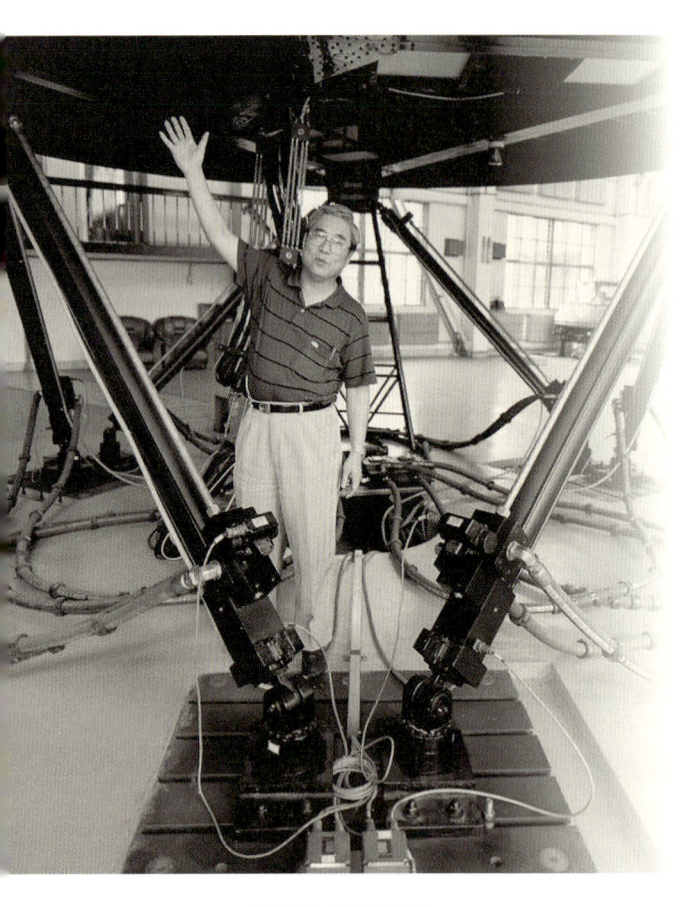

> 我庆幸自己年青时
> 遇着几位好老师.
> 我也珍惜在步入老
> 年之际有做老师的
> 机会.
>
> 郭孔辉
> 1998.7.23.

△ 珍惜做老师的机会

求,他的名字也被机械工业部申报上去。

郭孔辉所在的吉林工业大学得知他有可能当选院士的消息后,颇为兴奋。该校的汽车专业在国内颇有名气,但跟兄弟院校比,整个学科缺乏"掷地有声"的带头人。

学校学科发展瞅准了郭孔辉,而他也看到了中国汽车行业迫切的"眼神"。"计划经济时期,汽车行业重生产轻研发;改革开放后,汽车行业重引进轻创新,种种原因导致中国汽车行业总也上不去。"郭孔辉忧心忡忡。

那时，中国汽车行业没有一位院士。郭孔辉认识到自己当选院士的意义。

1994年，中国工程院首批院士名单公布，郭孔辉当选，成为96名院士中的一员。"得知当选的消息是很高兴的，终于没有辜负学校的期望，自己也能够以院士的身份为行业发展做些事。"郭孔辉说。

而今，由郭孔辉领导的汽车轮胎动力学研究已在国内首屈一指，吉林大学也在国际汽车制造舞台上享有一定声誉。

推动中国汽车工业发展

郭孔辉精力旺盛，除了管理学校的重点实验室，还主持并参与了众多咨询项目。项目之多，连他自己都无法忆起全部，但其中有一个项目令他印象深刻。

△ 2022年7月12日，郭孔辉（中）出席香格里拉汽车论坛并讲话

△ 2022年7月12日，郭孔辉在自己87岁寿诞上亲自切分蛋糕

改革开放后，见识到各式各样的国外汽车，许多人开始思考汽车是生产工具还是生活工具？郭孔辉就负责解答这一疑问，他担任了中国工程院与美国国家工程院合作项目的中方主席。

在当时的社会背景下，反对发展汽车的声音不少。然而，在对中国私用轿车发展的现状与问题、中国汽车工业的发展道路等进行深入分析后，郭孔辉提出，"汽车是资产阶级享受工具"的观点是片面的，中国必须发展私用轿车，这对国民经济发展具有推动作用，应该尽快制定发展汽车产业的相关政策。

这一咨询项目形成报告递交政府部门后得到采纳，不仅加快了中国汽车工业的发展，也影响了现代城市的规划。

另一项咨询则可能会影响未来的农村发展，那就是低速电动车的发展问题。当时，国产低速电动车主要是出口，在国内发展低速电动车的争议很大，比如不够"高大上"、低高速混流带来的安全问题等。

郭孔辉认为，低速电动车比一般燃油汽车便宜，充电方便，适合于经济欠发达地区。在国家制定产业政策时，不应该因为技术不够先进就采取全面封杀的政策。"先进的技术不一定适合全部地区，是否采用某种先进技术必须考虑中国的经济与科技发展状况，效果如何得看市场和环境的适应情况。"

针对低速电动车的发展，郭孔辉形成了"市场引导，低端切入，扶低促高，多层次发展"的咨询建议。

2016年，郭孔辉（左五）参加中国汽车工程学会年会暨展览会

必须解决"大而不强"问题

近几年,郭孔辉先后负责了"制造业强国之路"咨询项目,以及汽车发展"四基"(基础材料、基础工艺、基础零部件、技术基础)研究。咨询项目做得越多,郭孔辉便越体会到中国汽车行业基础之薄弱。

尽管改革开放后引进外资使汽车工业明显进步,但同时也导致自身研发能力逐渐减弱。对此,郭孔辉认为,"基础研究不牢固就难以创新,亟须科研院所加强研究"。

"人小的时候不会走路需要大人抱一段时间,这是正常的,但不

△ 2015年,汽车动力学及驾驶员建模学术研讨会在吉林大学举办,郭孔辉(前排右一)与学生讨论问题

能长到十几岁了,还让大人抱着,这就不行了。骨头被抱酥了,一辈子就不能自己走路了。"这是他常常挂在嘴边的话,"要尽早下地,自己学走路。"

几十年来,郭孔辉一贯主张在引进外资的同时,也要培育自主研发能力、发展自主品牌。他也一直积极地为民族企业提升自主创新能力出谋划策。

郭孔辉刚从事科研时,没有实验场地、零部件,测试仪器靠自己动手制作,不少研究因为条件限制不得不戛然而止。相比那时,现在的研究环境已大大改善。郭孔辉表示,研究人员应该充分利用当下各种有利条件,夯实基础,做好"四基"工作,使"汽车大国"早日变成"汽车强国"。

"汽车工业发展仍然需要核心技术和人才,我能干一点是一点。"他说。

《中国科学报》(2019-06-11 第1版 要闻)

殷瑞钰

(1935.07—)

冶金学家、钢铁冶金专家、工程哲学专家,主要从事冶金学、冶金工程、工程管理、工程哲学研究。1935年7月出生于江苏省苏州市。1957年毕业于北京钢铁学院。1994年当选中国工程院院士。

殷瑞钰：相伴多年的感念与收获

辛 雨

身为原冶金工业部总工程师、副部长和钢铁研究总院院长，殷瑞钰长期从事并主持冶金科技进步和发展战略研究工作，职业生涯兼涉学术界和产业界。

作为中国工程院首批院士之一，数十年来，他和广大院士共同努力，推动工程技术、工程科学、工程管理、工程哲学不断融合发展。

从严要求　树立院士形象

"我有幸参加了中国工程院筹建阶段中的一些工作。"说起中国工程院成立的这些年，殷瑞钰感慨，"它的成立本身就具有里程碑的意义。"

1993年深秋，时任冶金部副部长兼总工程师的殷瑞钰负责接待了来访的中国科学院院士师昌绪。身为中国工程院筹备小组副组长的师昌绪就如何建立工程院、工程院院士应该满足怎样的条件等问题，向殷瑞钰做了介绍，并希望得到有关产业部委的支持。

师昌绪认为，科学发现与工程技术各有分工，现代化建设要靠科学，但也必须有工程的力量。为促进解决科技、经济"两张皮"

> 无论是抓科技工作，还是从事管理工作，哲学无处不在。抓科技问题，往往被人笼统地归结为数学模型问题，再问可能还存在物理模型的设合、优化问题。再深究其背后可能还有工程逻辑问题。从工程哲学出发分析问题、解决问题，往往能更本质、更切底、更优化、更引领。我相信，哲学无处不在。

殷瑞钰
1999. 4. 16.

△ 科技工作和管理工作中，哲学无处不在

的问题，中国有必要成立工程院。

接着，他又详细问了殷瑞钰的个人经历和具体工作，还同殷瑞钰一起讨论了钢铁工业的现状和科技进步的思路。听完后，师昌绪说："你不就是搞工程的吗，很好嘛！"

工作访问从下午3点一直持续到傍晚6点半，殷瑞钰回想当天的交流内容说："这是我与师先生第一次直接交谈，让我开阔了视野、拓展了思路。"

1994年初，殷瑞钰作为筹备领导小组成员之一，参加了中国工程院的筹建工作。当时，筹备领导小组成员共45人，主要任务是讨论并起草中国工程院章程、确定性质和体制、遴选首批院士以及如何划分学部等。

"在遴选过程中，小组成员特别是6位发起人，乃至国家领导层，都有一个共同的意愿——中国工程院院士尤其是首批院士，一定要从严要求，给国内外树立一个良好形象。"殷瑞钰说。

"兄弟"同心　促进产业发展

中国工程院划分学部的原则是突出工程特征和产业（专业）系统，并不是按照学科划分。在师昌绪、侯祥麟的带领支持下，殷瑞钰和闵恩泽、王淀佐共同组建了化工、冶金与材料工程学部，当时学部只有16名首批院士。

第一次学部会议选举产生了第一届学部常委会，殷瑞钰担任学部主任。他百感交集，既兴奋又不安："因为首批院士中有学界泰

△　1977年，殷瑞钰（右一）在唐钢钢研所讨论科研方案

△ 2019年5月，殷瑞钰在第二届中国电炉炼钢科学发展论坛作报告

斗，也有成就突出、贡献巨大的专家，还有不太熟悉、初次谋面的青年才俊。"

经过一段时间的交流，学部内不同专业院士的共同语言越来越多，思想共识也基本达成。"大家都是元素周期表的'成员'，彼此之间是'堂兄弟''表兄弟'，钢铁、有色金属都是金字旁的'堂兄弟'，化工、建筑材料大多是石字旁、气字头的'表兄弟'。"殷瑞钰笑着说，"大家都是'兄弟'。"

1994年秋，学部会议后的一个晚上，师昌绪找到殷瑞钰。询问了他对钢铁冶金科技工作方面的想法后，师昌绪说："瑞钰啊，你的一套想法现在大家都觉得是管用的。你应该把以连铸为中心、在全国建立全连铸钢厂的模式推行下去。不仅要推下去，还要把理论写出来。单篇论文要写，学术专著也要写，一年写不出来两年，两年写不完三年……反正应该下功夫写，这有用啊！"

在师昌绪的提示和鼓励下，殷瑞钰用了10年时间，完成专著

《冶金流程工程学》。完稿时，师昌绪高兴地说："快拿来，我给你写序。"他亲自动手，写了一篇长序。

殷瑞钰回想："在中国工程院化工、冶金与材料工程学部工作学习的岁月中，我逐步从工程技术专家成为研究工程科学的学者，经历了不断学习、不断思考、不断深入认识的过程。"

走在前列　开创工程哲学

2000年，中国工程院成立工程管理学部。经酝酿、自愿报名等共有32名跨学部院士进入工程管理学部，殷瑞钰被推选为学部主任。

院士们对工程是什么、工程与科学的关系、工程与技术的联系和区别、工程是否需要管理、工程管理与管理工程是不是一回事等问题十分关注。

为此，工程管理学部决定集中开展对工程哲学和工程管理理论的开拓性研究，殷瑞钰牵头研究工程哲学。

△　殷瑞钰在学术会议发言

△ 2020年10月，殷瑞钰（前排中）主持香山科学会议

2002年，殷瑞钰发表了《关于技术创新问题的若干认识》一文，讨论了科学、技术、工程、产业的本质及其相互之间的关系，并指出"这对认清其哲学范畴、经济意义、社会价值也许是有帮助的"。几乎同时，中国科学院大学教授李伯聪出版了《工程哲学引论》，提出了科学、技术、工程"三元论"。

"我们的观点十分相近，而且我们分别向时任中国工程院院长的徐匡迪和中国自然辩证法研究会理事长朱训做了汇报，得到了支持和帮助。"殷瑞钰说。

2004年6月，中国工程院召开关于开展工程哲学研究的高层研讨会。中国工程院工程管理学部的院士和中国自然辩证法研究会工程哲学专业委员会的哲学家，组成了工程师—哲学家联盟，共同开展具有中国风格、中国特色的工程哲学研究。

此后，中国工程院15年连续立项研究工程哲学，分别进行了科学、技术、工程"三元论"，工程演化论，工程本体论，工程方法论，工程知识论研究，并由此形成了具有中国风格的工程哲学理论体系。

"科学哲学和技术哲学都是西方学者开创的，但在研究工程哲学的进程中，中国工程师和哲学家走在了世界同行的最前列。"殷瑞钰脸上满是自豪，"身为中国工程院的一员，25年来，我有学习、有积累、有提高。今后，我还要持续为国家添砖加瓦，为国奋斗、为国奉献。"

《中国科学报》(2019-06-20 第1版 要闻)

钱　易

（1936.12— ）

环境工程专家，主要从事高效、低耗废水处理新技术，难降解、有毒有害工业废水处理工艺技术，清洁生产、循环经济与生态文明的研究。1936年12月出生于北平。1959年硕士研究生毕业于清华大学。1994年当选中国工程院院士。

钱易：将污泥浊水化为青山绿水

程唯珈

江南水乡鸿山镇位于无锡市东南部，镇上有一条小河，宽不过10米。这条小河有一个奇特而又响亮的名字，叫啸傲泾。从这条河边走出了1位国学大师、5位院士，其中就包括首批中国工程院院士之一的钱易。

先民聚水而居，钱易临水而生，一生与水结缘。

近日在接受《中国科学报》采访时，这位耄耋老人依旧保持着如水般的恬静与柔和。"将污泥浊水化为青山绿水，这是造福子孙后代的伟大事业。"回首那段在中国工程院的奋斗历程，她的眼中透露着欣慰和自豪。

"蒙在鼓里"的院士

1994年，当得知自己被选为中国工程院院士时，钱易还有些震惊。

"当时我走在校园里，张光斗院士迎面走来说，就从未见过像我这样的人，自己的事都不上心，让别人操办。我被训斥得一头雾水，后来才得知，自己居然入选中国工程院院士了。"提及这段往事，钱易至今仍觉得好笑。

这一切还要从中国工程院的创建说起。

> 人类只有一个家园
> ——地球，
> 为自己、为人类、为子孙后代
> 让我们共同努力，
> 善待自然，保护环境，
> 走可持续发展之路。
>
> 钱易
> 一九九八·八·二

△ "善待自然，保护环境，走可持续发展之路"

  1992年，张光斗、王大珩等6位中国科学院学部委员在共同讨论后，由罗沛霖执笔写成一份《关于早日建立中国工程与技术科学院的建议》报送中央，中国工程院的筹备工作随即启动。

  其中，第一批中国工程院院士由中国科学院学部委员或者相关部门负责人推选产生。

  那时的钱易，正在主攻工业废水和城市污水的技术处理。她在难降解有机物生物降解特性、处理机理及技术方面开展了大量卓有成效的工作，其研究成果在食品、造纸和化工行业得到了广泛应用。

  "直到最后我才知道是张维和张光斗两位学部委员推荐了我，我所在的环境工程系领导安排了一些对我比较了解的人，为我撰写了院士申请材料，而我从头到尾都蒙在鼓里。"钱易笑着说。

水太少、水太多、水太脏

来到中国工程院后，钱易的工作重心由原先的污水废水处理技术拓展到水资源的战略研究。经过多年走南闯北的现场调研，面对中国的水危机，她用"水太少"、"水太多"和"水太脏"三个短语概括。

首先是"水太少"，北方一些省份严重缺水，农业生产常常遭受旱灾。

以北京为例，先天自然降水量不足，加上人口不断膨胀，加剧了水资源的紧张。为此，国家进行了相关产业结构调整，如首钢搬迁和减少水稻种植面积及采用节水灌溉模式等，成果显著。

其次是"水太多"，洪涝灾害频繁。

钱正英院士曾说过一句话："我们要改变人和洪水抗争的对立关系，要与洪水和谐相处，变抗洪为利用洪水资源。"这让钱易深

△ 2016年11月11日，钱易在中国科学院大学作报告

受启发。

长期以来，人类为了免遭洪涝灾害，修堤筑坝，与洪水不懈抗争，但这种做法往往难以收到理想效果。在钱易看来，暴雨、洪水是一种自然现象，正确的做法应是与其和谐相处。要留出足够的行洪、泄洪空间，并采取措施蓄积洪水，积极利用洪水资源。我国正在大力建设海绵城市，目的就是变害为利，解决洪涝灾害和水资源短缺的矛盾。

相比于前两者，钱易认为"水太脏"的问题更为紧迫。"水污染治理既是攻坚战，更是持久战。日本的经验表明，至少需要30年才能收到明显的效果。"

钱易表示，城镇污染源的治理，不仅需要解决污水处理厂的集资、设计、选址、建造等问题，解决城市排水管网配套、污水处理厂运行保障机制等问题，更要推行工业、农业生产方式的绿色转型，大力推动清洁生产，从源头减少污染的产生。同时，应加快城市废

△ 钱易在陈嘉庚科学奖报告会上发言

水处理厂的建设步伐，实施废水资源化、能源化，并切实保护饮用水水源地，提高饮用水安全性。

站在巨人肩上

"作为国家智库，中国工程院的咨询项目始终立足国家战略需求。"钱易参与最多的就是水资源的可持续管理。

项目队伍中，中国工程院集聚了各领域的院士或高校年富力强的教授，涵盖老中青和各学科的人才，综合性很强。

"这些项目的领导无论是业务还是管理能力都很强。我前后参与的7个关于水资源的项目，都是钱正英院士担任负责人。"钱易回忆说，钱正英对于业务的思考格外深入，还经常与各课题负责人一对一地沟通探讨。

在前辈身体力行的影响下，钱易对待环保事业一刻也没有歇息。和她共过事的助手告诉《中国科学报》记者，尽管年事已高，但钱老依旧时常来校讲课并承担培训班的教学任务。"她就像春蚕，为环保事业'吐尽丝'。"

如今的钱易将目光投向了生态文明建设。"生态文明建设要融入经济建设、政治建设、文化建设、社会建设各方面和全过程，更深入的研究工作必不可少。"谈起新工作，钱易神采奕奕。

她表示，人类在发展过程中必须与自然和谐相处，经济发展必须同环境保护相协调。我们应该进行的是既满足当代人类需要，又不致损害未来人类需要的发展。这就是可持续发展战略对我们的要求。

《中国科学报》(2019-05-28 第1版 要闻)

传承 大国工程 使命担当

王 选

(1937.02—2006.02)

　　计算机专家。江苏无锡人。1958年毕业于北京大学数学力学系。计算机汉字激光照排技术发明人，获1项欧洲专利和8项中国专利。主持研制的华光和方正电子出版系统引起了我国出版印刷业废除铅字印刷、实现激光照排的技术革命。获2001年度国家最高科学技术奖。1991年当选中国科学院学部委员（院士）。1994年当选中国工程院院士。

王选：手稿引发的故事

丛中笑

我国著名计算机应用专家、"当代毕昇"王选院士，一生著述丰富，留下了大量手稿笔迹，既有研制汉字激光照排系统的设计手稿，也有总结科研工作和人生历程的论述文章，字里行间，蕴含着独到的方法哲理、高远的精神品格，体现了王选院士曲折丰富的科研人生。

科研之源：阅读文献

2002年，王选获得2001年度国家最高科学技术奖，这年8月，他提笔写下《阅读文献的习惯使我终生受益》一文，结合自己取得科研成功的经历，对阅读科研文献的重要性和方法进行了总结阐述。当时他已患重病，肺部做了大手术，这篇3000字的文章他写一会儿，歇一下，几天才完成。

他在文中写道："我的一生取得了两项科研成果：60年代的高级语言编译系统和后来的激光照排。这两个项目均是高起点，没有走弯路，有所创新，这与阅读文献有很大的关系。"

1958年，北京大学开始自行研制每秒定点运算1万次的"红旗机"。当时他刚从北大数学力学系计算数学专业毕业留校工作，参加了"红旗机"的逻辑设计和整机调试工作,每天工作14小时以上,最紧张的时候曾40个小时不合眼,被大家称为"拼命三郎"。

忙碌的科研工作之余,王选坚持每天晚上挤出时间阅读英文文献,以了解计算机技术的最新发展动态。20世纪60年代初,美国的计算机工业已很发达并形成了产业;英国也有许多耀眼的创新成果纷纷问世,如变址、闭子程序、微程序和虚拟存储器等等。王选研究发现,如果不懂软件,不从使用的角度来研究计算机,照样产生不出创新的想法。正如王选在文中写的那样:"大量阅读文献使我下决心一定要同时具备软件和硬件两方面的第一线实践经验,我相信通过跨领域的研究,一定能找到创造的源泉,这是我1961年作出的一生中最重要的一次抉择。"

正当王选准备着手从事这一研究时,过度的疲劳和饥饿摧垮了他的身体,低烧不退,胸闷憋气。这场大病使王选不得不在1962年

◁ "献身科学……会得到常人所享受不到的一些乐趣"

回到上海父母身边治病。

治疗期间，王选仍坚持阅读科技文献。缺乏资料，他请师姐陈堃銶帮忙。陈堃銶比王选高一届，学的也是计算数学专业，毕业后留在北大数学系工作。她给王选寄来了美国计算机学会权威杂志 Communications of the ACM 等英文资料。王选如获至宝，为了加快阅读速度，他想出一个办法——通过收听英语广播来提高反应能力。

1963年，王选身体稍有恢复，又想到了自己的目标——软件、硬件相结合的研究。当时国际上流行的、被联合国教科文组织下属工作小组批准的国际标准程序设计高级语言是 ALGOL 60，因此，王选决定从研制 ALGOL 60 高级语言编译系统入手。这一次，王选又从陈堃銶那里得到了帮助，陈堃銶帮他找到了一本油印的英文资料《ALGOL 60 修改报告》。开始时，王选感觉像是在看"天书"，渐渐地他钻了进去，终于"茅塞顿开"，马不停蹄地开始了设计。

1965年夏，王选身体好转回到北大，与陈堃銶、许卓群等同事一起，在 DJS 21 计算机上研制成功 ALGOL 60 高级语言编译系统，在几十个用户中得到推广，被列入"中国计算机工业发展史大事记"中。他与陈堃銶也结为夫妻，成为相濡以沫的终身伴侣。

科研之道：了解国外最新动态

"在从事激光照排系统研制过程中，由于我们碰到的难题，例如汉字字形存储量大、字形变倍后的笔画匀称问题，激光逐线扫描和不能等待的困难等，在文献中找不到解决办法。所以我较多的是通过浏览最新情报，以确定自己选定的方向是否正确，同时也可以发现能为我所用的国外最新的硬件、外设、芯片和软件平台。"这是王选在《阅读文献的习惯使我终生受益》一文中总结的另一条经验。

△ 2003年，王选与中关村第三小学学生一起畅谈

　　王选在研制汉字精密照排项目伊始，正是从科技文献和情报中了解到相关领域的最新动态，捕捉到他人不易察觉的技术发展趋势，从而做出"汉字字形信息数字化存储""选择激光照排作为输出方案"等异于常人的方向判断和大胆技术决策，成为系统研制成功的关键。

　　1974年8月，在周恩来总理的亲自关怀下，一项影响汉字传承乃至中华文明发展进程的科技工程在中国悄然设立，这就是被称为"748工程"的汉字信息处理系统工程。1975年初，38岁的王选从陈堃銶那里得知了这一工程。当听到其中一个子项目是"汉字精密照排系统"时，王选预感到这是一个价值和前景不可估量的重大项目，当即决定着手研究这一项目。

　　按照个人习惯，王选先要把国内和国际上在照排系统方面的研究现状和发展动向了解清楚，他开始到位于和平街的中国科技情报所查阅资料。从北大到情报所车费是二角五分，少坐一站就可以节省五分钱，由于没有经费来源，车费无从报销，王选就提前下车，拖着虚弱的身子走到情报所。

王选发现，许多有关照排系统的文献以及 *Graphic Arts Monthly* 等印刷杂志的借阅登记卡上都是空白的，他是那些杂志的第一个借阅者。这说明涉猎这一领域的人寥寥无几。王选如饥似渴地浏览着，字数不多的就动手抄在随身携带的笔记本上。

王选了解到，20世纪40年代美国发明了第一代手动照排机，到70年代，日本流行的是第二代光学机械式照排机，欧美则已流行第三代阴极射线管照排机。英国的一家公司正在研制第四代激光照排机，但还处于研制阶段。

我国当时已有5家攻关班子从事汉字照排系统的研究，其中有两家选择了二代机，三家采用了三代机。在汉字信息的存储方面，

▷ 2003年3月，王选于办公室

这5家采取的全部是模拟存储方式。

　　经过分析王选得出结论：模拟存储没有发展前途，必须采用"数字存储"的技术途径。这是王选研制照排项目做出的第一个重要决策。在此基础上，王选针对汉字字数、字体繁多等技术难点，发明了世界首创的"用轮廓加参数的数学方法描述汉字字形的信息压缩技术"，一举解决了汉字字形信息的计算机存储这一难关。

　　接下来横亘在王选面前的是第二道难关——采用什么样的输出方案，将压缩后的汉字信息高速、高质量地还原和输出，这是照排系统的关键。经过大量的资料研究后，王选在1976年做出研制照排系统的第二个重要决策：跨过当时流行的二代机和三代机，直接研制世界上尚无商品的第四代激光照排系统。

▽　2004年，王选接受媒体采访

△ 2005年5月，王选在中国eBook产业年会上发言

科研之魂：自己动手

1976年，王选的技术方案上报北大，几经曲折，得以批准。王选和同事们开始了研制原理性样机的攻坚战。然而，由于技术太过超前，王选的方案长期以来一直遭受怀疑。直到1989年系统开始全面占领市场，局面才戏剧性地从根本上扭转。

20世纪70年代末，改革开放的大门打开，高校开始流行出国进修，而激光照排项目开发条件差，科研队伍颇受冲击。外国照排厂商也开始觊觎中国印刷出版市场。面临严峻的内忧外患，王选带领科研团队加紧研制原理性样机。由国产元器件组成的样机体积庞大，很不稳定，每次关机、开机都会损坏一些芯片，为了保证进度，只好不关机，大家轮流值班，昼夜攻关。

经过几十次试验，终于在1979年和1980年排印出第一张报纸样张《汉字信息处理》和第一本样书《伍豪之剑》，取得了重大成果。

经过艰苦努力，1981年，中国首台计算机——激光汉字编辑排版系统原理性样机终于通过部级鉴定。但不久却传来了令王选震惊的消息：负责激光照排软件系统研制的妻子陈堃銶，因劳累过度不幸患了直肠癌！王选只照顾了妻子一两个月就又投入Ⅱ型系统的紧张研制工作中。陈堃銶在做完手术后仅休息了一年也投入了工作。

正是凭借这种非凡毅力和执着精神，王选和科研团队马不停蹄，不断创新，从1975年到1993年，先后研制出六代出版系统，大规模

▽ 2005年10月20日，王选（左二）会见马颂德

推广应用，最终引发了我国印刷出版行业的技术革命，成为用自主创新技术改变传统行业的典范。此后又走出国门，不仅占领了华文报业市场，还出口到发达国家。而这18年，王选夫妇却连一个完整的节假日都没有休息过。

王选生前十分推崇这样一句话："献身科学就没有权利再像普通人那样活法，必然会失掉常人所能享受的很多乐趣，但也会得到常人所享受不到的一些乐趣。"这话也正是王选科研人生的真实写照。

《中国科学报》(2014-03-28 第11版 学人)

传承 大国工程 使命担当

王德民

（1937.02— ）

　　油气田开发工程专家，主要从事分层开采、化学驱油以及同井注采等四次采油新工艺研究。1937年2月出生于河北省唐山市。1960年毕业于北京石油学院，大学本科毕业。1994年当选中国工程院院士。

王德民：退休后，我的科研工作"加速"了

李晨阳　韩扬眉

30年前，凭借一次又一次开创"世界上油田开发意义重大、难度最大、工艺最先进的技术"，王德民当选中国工程院首批院士，也成为我国石油开采专业的首位院士。

王德民今年87岁了，"时不我待"的紧迫感越发强烈，他推掉了更多与本职工作关系不大的社交活动。他曾有过一个微信号，攒下了几千条未读消息，他随手点开几个，发现和油田没啥关系，干脆让儿子帮他注销了。

他曾在中国石油大庆油田三次采油技术转折中发挥核心作用。退休20余年来，他又在一众"不可能"的质疑声中推进四次采油的攻关。

四次采油的核心问题是国际上认为的废弃油藏如何经济有效开采。这是世界上从未成功过的技术，但王德民坚信能够攻克这一难关，目前，相关技术已初见成效。

寻油：到最艰苦的地方去

2000年退休后，王德民的科研进度反倒"加速"了。卸掉所有

> 做为一名科技工作者，在任何时刻，我都牢记马克思的名言：
>
> 在科学上没有平坦的大道，只有不畏劳苦沿着陡峭山路攀登的人，才有希望达到光辉的顶点。
>
> 王德民

△ "不畏劳苦，沿着陡峭山路攀登"

行政职务后，他全身心扑在科研上，成果产出频率从"每两三年1个"提高到"每年1至2个"。他对"成果"的定义标准不是论文也不是专利，而是"油田能用得上、能出油"。

王德民65年的科研生涯，就是为了"多出油"。

1955年，18岁的王德民被刚成立不久的北京石油学院录取。就在他即将毕业那年，黑龙江松辽盆地喷出了强劲的油流。这个重大发现在当时属于严格保密的信息，但在北京石油学院已经传开了。大半夜，年轻的学生们抄起身边一切带响儿的东西——脸盆、饭盒、勺子……"敲锣打鼓"地欢庆起来。

考大学时，王德民的第一志愿是清华大学水利系，然后就是北京大学物理系。他的梦想就是到祖国最需要的大工程中去发光发热。尽管因为种种原因他没有被这两所名校录取，但好在失之东隅，收之桑榆，祖国东北即将诞生的史诗级大油田，正是他梦想中的舞台。

毕业分配时，王德民坚持要求去松辽参加石油会战，并最终得到批准。自此，他把人生写在了后来被叫作大庆的地方。

在这片土地上，王德民住过漏雨的牛棚、点过熏人的原油取暖、抬过100多千克重的绞车、在大冬天被喷一身水冻成"冰棍"……他和所有大庆人一起，在一穷二白的条件下创造出一个又一个奇迹。

出油：暗自算出"松辽法"

迄今为止，大庆油田依然是我国规模最大的油田之一。

但发现一个油田后，并不是就坐等收获了。即便找到了一座宝库，能挖出多少宝贝、能挖多久，还要凭借各自的本事。

刚开发一个油田时，仅依靠天然能量就能开采出20%左右的石油——这是油田最丰饶的阶段，被称为一次采油。然而，这一阶段面临的问题并不简单。随着采油进程推进，把石油"推举"到地面的油层压力会逐渐降低，如果不能采取措施维持这一压力，就会导致日后

△ 1965年，王德民（右一）在采油工艺研究所3号试验井通过人拉钢丝做投捞试验

△ 1972年，王德民在大庆油田采油工艺研究所发明偏心配注采油工艺

大量石油无法采出。正因如此，油层压力也被称为油田的"灵魂"。

最初，王德民来到油田，没有像他的多数同学那样直接进入科研部门，而是被分配到生产一线的试井队。

但王德民没有气馁，他始终相信"科研，在哪里都能干"。

在一线实践中，王德民"眼见为实"，积累了丰富的经验。当他得知世界上通用的"赫诺法"计算的油层压力数据与实地检测得到的数据严重不符时，就暗下决心，投身解决这一"灵魂"问题。

他白天工作，晚上做研究。那个时候，人们最大的困难是吃不饱，而工作加科研的状态常常让王德民饿得脚底发软、头晕眼花。他每天工作到凌晨2点，几乎在"拼命"。

经过半年废寝忘食的推导，王德民首次提出了一个既简单又精准的油层压力计算公式，很快被推广到整个油田。这就是后来载入

▷ 1972年,王德民(右)与同事们在现场试验偏心配水工艺

史册的"松辽法"。

"松辽法"的成功让年仅24岁的王德民一鸣惊人。在领导和老专家的鼓励下,他乘胜追击,推出中国第一套、世界第三套不稳定试井方法,在油田开发初期作出了重要贡献。

这次成功点燃了王德民内心的信念。两年后,王德民从生产岗位转到科研岗位,而等待他的是二次采油、三次采油中越来越艰难的挑战。

延续:挑起大梁保产量

世界上多数著名的大油田都是海相油田,而大庆油田是罕见的特大型陆相砂岩油田。前者的油层结构比较简单,而大庆地下的油

△ 1997年，王德民（左）在现场与同事讨论问题

层多达上百层。随着时间推移，大庆油田开发面临的特有问题越来越明显——不解决分层开发问题，二次采油就寸步难行。

采油井的井眼只有碗口大小，但在这之下，是石油、天然气、水共存的层层叠叠的复杂高压环境。所谓"深不可测"，大概就是这种感觉。

"深不可测"也要测，还要一层一层测，这是在全世界都找不到先例的高精尖技术。王德民提出了一系列新奇的破题之法：有的方法看起来简单却能四两拨千斤，如在原有测验仪器上串联一个压力计，就仿佛给地质师和工程师安上了一双能看见井下状况的眼睛，终结了"盲人摸象"般的采油时代；有的方法细致巧妙，如对精密仪表进行改型设计，成功研制出测试分层流量的主力仪器。

就这样，王德民领导的团队仅用不到3年时间，就为大庆油田建立了一套完整的分层动态检测的工艺体系。这一史无前例的创举，让人们在大庆油田开发初期就赢得了与油层自然条件博弈的主动权。

到20世纪80年代，大庆油田的主力油层已经开采得差不多了。王德民又发明了限流法压裂和选择性压裂技术，把条件较差的油层也开发出来，增加了7亿吨可采储量。

但大家都清楚，这一波技术革新带来的稳产，只能坚持到1995年左右。在那之后，又该怎么办？

几乎在限流法压裂等技术开发的同一时期，王德民开始策划三次采油了。当时世界上主流的化学驱方法，在实践中屡屡碰壁。世界多数专家这样评价："This method is dead（这个方法已经死了）."还有知名实验室在100多次尝试失败后宣告解散。

王德民临危受命，再次挑起了大梁。好在这时，大庆油田的化

▷ 2006年，王德民致力于化学驱三次采油及油田所需多用途表面活性剂研究

学驱三次采油研究被列入油田重点攻关项目,从政策和资源上都得到了强有力的支持。

王德民看遍国外的所有相关资料,突然意识到一个关键问题:尽管聚合物化学驱的概念已经更新,但国外石油开采界还停留在老概念上,仅仅重视聚合物作为高黏度液体的特性,却忽略了和黏性同样重要的另一指标——弹性。提高聚合物弹性后,注聚合物驱三次采油的攻关很快取得突破,不仅采收率大幅增加,还很好地控制了成本,首次实现了化学驱三次采油的商业开采。

这是几十年来国际上唯一新诞生的驱油机理,而王德民完成任务的时间就是1995年左右,他再一次延长了大庆油田的稳产期。

"捞"油:耄耋之年还在"较劲儿"

如今耄耋之年的王德民,依旧在和油田"较劲儿"。

他脚下的地层中,那些零星分布的"油花、油膜",加起来仍能

△ 2016年,国际小行星中心将210231号小行星命名为"王德民星"

占原始储量的30%以上。但这些油层中的含水量已接近98%，几乎就是"水中捞油"。

在这种条件下，王德民决定推动四次采油，这相当于不仅要从公认已经废弃封存的油层中找油，还要开采得经济划算。

这是世界级难题。早在20世纪90年代初，国外就大力研究井下油水分离注采工艺，降低含水量，但因注入压力不断上升等问题难以解决，2000年后便鲜有报道。

王德民再一次在普遍认为"不可能"的质疑声中，坚定前进。

2017年，在大庆油田已关停13年的区块内，王德民研发的"井下油水分离同井注采"工艺进行了小规模推广试验，在世界上首次成功实现了四次采油。已经废弃的油藏，重新焕发出生命力。

但王德民知道，四次采油不只是单一技术问题，而是过去采油、开发、地面建设三大核心问题的集合。

"这个题目非常大，可能得干十几年甚至几十年。在还能干的时候，我想多干一些。"王德民说。

从一次采油到四次采油，从最初单纯的数学运算，到需要理论和实践紧密结合的创新工作，再到如今全局一盘棋的宏大规划——87岁的王德民还在为65岁的大庆油田做着未来5年、10年、15年的规划。

爱一片土地，则为之计深远。历经世事风霜后，这位已经满头银丝的老人，依然会想起16岁那年被誉为中国"保尔·柯察金"的吴运铎来到他所在的学校，作了长达7个小时的报告。当时台下的少年泪流满面，满怀为党和国家奉献一生的深情和热望，想要把"整个生命和全部精力，都献给世界上最壮丽的事业"。

《中国科学报》(2024-06-20 第1版 要闻)

传承　大国工程　使命担当

李德仁

（1939.12—）

　　测绘遥感专家，主要从事地球空间信息学研究。1939年12月出生于江苏省泰州市。1985年毕业于德国斯图加特大学，获博士学位。一直致力于提升我国测绘遥感对地观测水平，为我国高精度高分辨率对地观测体系建设作出了杰出贡献。2023年度国家最高科学技术奖获得者。1994年当选中国工程院院士。

李德仁：苍穹之上，
擦亮"东方慧眼"

李思辉

"5，4，3，2，1，点火！"随着赤橘色烈焰瞬间迸出，"快舟十一号"运载火箭一路呼啸、直上云霄。

2024年5月21日12时15分，由武汉大学团队自主研制的"珞珈三号"科学试验卫星02星搭载"快舟十一号"运载火箭，在酒泉卫星发射中心成功升空，并顺利进入预定轨道。

接到来自酒泉的消息，中国科学院院士、中国工程院院士李德仁很高兴。担任这颗卫星首席科学家的中国科学院院士龚健雅是李德仁的学生，也是测绘遥感团队的成员。李德仁告诉《中国科学报》记者，这颗卫星具有0.5米分辨率全色成像、10米分辨率高光谱成像，数据将更加高效、精准，获取将更加便捷。

从落后走到前列

1985年，李德仁博士毕业从德国归来，进入武汉测绘科技大学（2000年并入武汉大学）任教，次年破格晋升为教授；1991年、1994年先后当选中国科学院学部委员（院士）、中国工程院院士。

△ "大力发展我国信息高科技产业,为实现两个转变和祖国的腾飞服务"

他向《中国科学报》介绍:"虽然我从博士毕业到评上教授、当选院士的时间较短,但那时候我已开展了几十年的研究和实践,打下了很扎实的基础,正好又赶上了党的人才政策机遇。"

回国后,他接到一个重要而艰巨的测绘任务——在有地雷的地区为中国和某邻国边界测图。

绵长的边界线或隐于茫茫群山中,或分布在险要之地,地下还可能埋有地雷。如何在短时间内迅速摸清情况?单靠人工测绘肯定不行。李德仁提出"把GPS放到飞机上"。运用"GPS空中三角测量"技术,他很快完成了无须地面控制点的边界测图任务。这是中国人第一次通过机载GPS系统为边界测图。此后他凭借这一技术又完成了我国海南岛、虎跳峡等多地的航测测图。

面对我国卫星、航空、地面系统等落后的现状,李德仁心急如焚。2002年,李德仁作为牵头人向国家提出"建设我国高分辨率对地观测系统"的建议(以下简称高分专项)。2010年,高分专项正式启动,专家组组长为中国工程院院士、中国航天科技集团的王礼恒,副组长由李德仁担任。

10多年过去了,高分专项基本满足了我国经济发展、国防建设与大众民生的重大需求,使我国卫星遥感及应用达到世界先进水平。"这项成果是在元器件受限的情况下,用中国人的智慧、用我们的数学和过程控制方法创造的。"李德仁自豪地说。

在自主自立这一原动力的驱使下,李德仁还带领团队研制了我国天—空—地3S集成的测绘遥感系统,构建了自主可控的国产地理信息技术体系。

从卫星数据85%依赖国外进口,到实现85%的自给率,再到向其他国家出口,我国测绘遥感技术一步步从落后走到了世界前列,建立起真正的"中国人自己的全球观测系统"。

服务国家和人民

有件事,李德仁至今无法释怀。

2008年,汶川发生大地震。抗震救灾过程中,遥感卫星的缺

△ 1994年,李德仁为留学生上课

失导致人们无法第一时间获取灾后信息,不能在72小时黄金救援时间内为救援人员提供更多帮助。这成了李德仁心中难以抚平的伤痛。

他说,那时我国只有3米分辨率的遥感卫星,而且数量很少,无法"看清"汶川的情况,他只能在全世界找朋友要卫星数据。第三天,意大利科学家送来了相关数据。

在焦急等待的3天里,李德仁深感内疚。"我们做了一辈子遥感,却不能满足抗震救灾的要求,我们有愧呀!""如果当时有0.5米分辨率的遥感卫星就好了,我们就可以在汶川上空进行精准扫描,第一时间找到倒塌的房子,配合官兵救援更多人。"好在经过十多年的努力,目前我国遥感卫星已经达到了这一精度。

△ 2005年,李德仁(左)向来武汉大学访问的诺贝尔奖获得者丁肇中(右)介绍测绘遥感信息工程国家重点实验室情况

事实上，汶川救灾中，遥感技术在当时的条件下依然发挥了不小的作用。比如，唐家山在地震中被削去一半，形成蓄水近3亿立方米的悬湖，一旦崩塌，将给绵阳等地几百万人带来巨大灾难。到底该怎么办，相关部门实难决策。

紧急关头，李德仁主动请缨赶赴汶川，带领武汉大学测绘遥感信息工程国家重点实验室团队，对唐家山堰塞湖地形进行了扫描，运用航空遥感获得堰塞湖水位、水流流速、压力等详细数据，完成了最精细的三维数字高程模型。根据数据分析结果，他们认为唐家山堰塞湖虽险，但依然是稳固的，可以用明渠导流的办法排除风险。团队将这些数据呈报给抗震救灾指挥部，为正确处置险情提供了科学依据。

同样是救灾，在2023年夏季防汛之际，李德仁团队提出了一个语惊四座的建议——"赶快组织撤离"。正是这个建议让6400多名群众转危为安。

那时，李德仁团队自主研发的"珞珈二号"卫星获取了河北受灾地区上空的雷达图像，并观测到一处堤防决口。"刚开始决口不大，不易被发现，但通过卫星遥感数据分析，综合水流流速和压强分析，我们判断这个决口很快就要酿成大祸。"团队立即向有关部门发布预警。事实证明，这一及时预警避免了一场靠传统手段"难以预防的灾难"。"全天时、全天候、工程级应用"，是雷达遥感的优势之一。

从支持青藏铁路测量到参与汶川抗震救灾，从北京奥运会安保到数字敦煌工程，从协助农林部门摸清相关数据到为疫情防控提供技术支持，从南水北调可行性分析到城市拥堵问题数据收集……在李德仁看来，国家有需要、人民有需求，就是科学研究最大的动力。

作为摄影测量、遥感和地球空间信息科学的领军科学家，李德仁得到了国际科学界的高度认可。2022年6月，他获颁国际摄影测量与遥感领域最具影响力的奖项之一——布洛克金奖，是我国获此殊荣的第一人。

另辟蹊径谋突破

目前全球有四大卫星定位系统：美国的全球定位系统（GPS）、俄罗斯的格洛纳斯卫星导航系统（GLONASS）、欧盟的伽利略卫星导航系统（Galileo）和中国的北斗卫星导航系统（BDS）。一般情况下，构建卫星定位系统需要在地面布局基准站，使卫星导航系统精度提高到厘米级甚至毫米级。

当年某国布局卫星导航系统，在包括中国在内的很多国家和地区建了几千个基准站。2020年中国布局北斗，该国却拒绝中国在他们那里建基准站，对我国进行封锁。

在这种情况下，李德仁组织团队攻关，创造性地研究出中国第一个低轨卫星导航增强系统和室内外一体化亚米级手机导航定位系统。有了这些系统，中国的北斗卫星在不到某国建基准站的情况下，

△ 2008年12月，瑞士苏黎世联邦理工学院授予李德仁（右）名誉博士学位

定位精度达到了GPS同等水平，而且多项技术性能超越GPS。

这无疑是一个颠覆性的重大创新。这个重大创新成果的取得，意味着中国在这项高精尖技术上已经领先世界。目前，包括美国在内的一些发达国家正奋力跟进这项技术。

"坐地日行八万里，巡天遥看一千河。"针对我国卫星遥感存在"成本高、效率低、不稳定、应用少"等诸多问题，李德仁带领团队提出一个极为宏大的计划——200多颗卫星组网的"东方慧眼"星座计划。

为了把"东方慧眼"擦得更亮，李德仁在卫星精度和质量上下功夫。卫星遥感分辨率从5米、3米、2米、1米做到0.5米，这一连串数据直观记录了中国卫星从无到有、从有到好的整个过程。

该团队预计到2030年发射252颗卫星，包括高分辨率光学和雷达卫星、高光谱卫星和热红外卫星，形成"星网"。这些卫星将帮助人们对地球上的每个地方都看得快、看得清、看得准、看得全、看得懂。

"到那时，我们的卫星使用成本会更低，每个人都有望轻松使用卫星数据，从'玩微信'到'玩卫星'。这些卫星将为国家创造万亿级新质生产力，为人类社会可持续发展服务。"谈及未来，李德仁满怀憧憬。

《中国科学报》(2024-06-11 第1版 要闻)

吴有生

(1942.04—)

　　船舶力学及船舶与海洋装备技术专家，主要从事流固耦合力学、海洋装备总体性能及总体设计技术研究。原籍浙江省嵊县，1942年4月出生于甘肃省兰州市。1967年从清华大学工程力学系研究生毕业，1984年获英国伦敦布鲁内尔大学博士学位。1994年当选中国工程院院士。

吴有生：人生征途是蔚蓝大海

辛 雨

1994年4月18日，周一。吴有生接到通知由上海飞往北京。当天下午2点，在中国科学院501会议室，时任国家科技部部长朱丽兰宣布会议内容，他才知道此行缘由：中国工程院要成立了，自己当选为第一批院士，到会的首批院士将推荐工程院第一届领导班子。

回想起25年前的情景，吴有生历历在目。他时刻牢记中国工程院是我国工程科技界最高荣誉性、咨询性学术机构的使命，希望发挥院士的积极作用，为中国海洋装备事业振兴并在世界上占据应有地位做实事。

第一次"院士行"

海洋科学研究、海洋资源开发、海洋安全保障是海洋研究的三大方面，这三方面的科技发展、工程应用以及相应的海洋经济，都离不开海洋装备开发。因此，吴有生认为，海洋装备是海洋研究与开发的"脊梁骨"。

1994年8月中旬，中国工程院成立两月余，吴有生向时任中国工程院秘书长葛能全建议，中国工程院与船舶工业部门联合，请相

△ "应用基础研究只有与工程技术需求紧密结合，才有强劲的生命力"

关院士考察我国船舶工业，并为海洋装备高技术的发展方向提供咨询意见。

建议得到中国船舶工业总公司和中国工程院的大力支持。同年9月9日至13日，中国工程院张光斗、张维、郑哲敏等18位院士和一批行业内专家，实地考察了海军吴淞口基地和江阴基地、中国船舶工业总公司江南造船厂和中船重工第七〇二研究所（以下简称七〇二所）。这是中国工程院成立后，院士们第一次到企业调研并开展咨询活动，也可以说是中国工程院的第一次"院士行"。在9月13日召开的院士咨询会上，院士们结合调研情况各自发表了意见。

"正值中国船舶工业发展的关键时期，这次'院士行'起了很好的促进作用。会上很多发言，至今回想起来都很有意义。"吴有生特别提到，"张光斗在会上说，他和杨振宁交谈过，杨振宁说中国的船舶工业应参加激烈的国际竞争,他希望中国船舶工业能够自力更生、努力发展。"

当时,我国船舶工业处于发展的起步阶段。1994年,全国造船年产量仅为200多万载重吨。激烈的国际竞争加快了中国船舶工业的发展,10年后,造船年产量达855万载重吨,占世界造船总产量的14.2%;20年后,造船年产量增至3905万吨,占世界造船总产量的41.7%。中国在2010年便成为世界第一造船大国。

"现在,我们的目标是向造船强国奋进。"吴有生坚定地说。

为行业发展提供真知灼见

回望过去的25年,中国工程院一直致力于在各个工程领域发挥国家所要求的智库作用,做到从国家层面出发,出谋划策。

"在海洋装备工程领域,中国工程院提供了极好的平台和群体效

▷ 1981年,吴有生在英国伦敦大学学院

应：依靠工程院的专家智库群体，团结行业内专家，共同开展战略性研究，为我国船舶与海洋装备产业发展提供支撑，对造船强国的奋进发挥了不可低估的推动作用。"吴有生体会颇深。

在他看来，中国工程院之所以能发挥这些作用，离不开院士们强烈的责任心。除了围绕本单位做相关技术工作，院士们始终关心整个行业和科技产业的发展，并为此多方运筹。吴有生说："在世界舞台上，过去我们没有地位，现在我们变追求产量与规模为追求质量与创新，在部分领域，技术水平已超过他人。干这些事情，需要责任心，需要民族精神，工程院挑起了这个担子。"

"中国工程院有一个特点，它既不是高校、研究院，也不是企业，因此，没有'屁股'。"吴有生表示，中国工程院组织院士们为国家及各部门献策，都是立足于国家利益。公正合理、切合实际的真知灼见，是中国工程院最大的优势。也正因此，社会各界对中国工程院的信赖不断增强。

△ 1992年，吴有生（右二）与老中青结合的研究团队讨论水弹性力学问题

△ 2019年7月，吴有生（右三）带领研制的西沙"永乐科考"双模块平台在马尾船厂交付

推动深海装备技术研究

多年来，吴有生在专注于水弹性与声弹性力学研究的同时，一直不断拓展海洋装备新技术领域的研究开发。

1992年，为使海洋领域进入国家"863"计划，科技部组织了一个9人"海洋高技术研究论证专家组"。吴有生作为海洋装备领域成员，提出"863"计划应启动前瞻性深海装备高技术研究，建议开展"深海工作站与载人深潜器"高技术研究。他还主持起草了翔实的论证材料。

在第一次"院士行"的咨询会上，吴有生汇报了有关论证内容，经讨论，会议形成了一份关于深海工作站与载人深潜器技术发展战略的院士建议。

不过，当时大多数人对深海的认识并不深刻。有位自动化领域专家表示："深海探测研究很危险，不应用载人潜器，无人技术可以代替一切。"在这类思想影响下，载人深潜器的研究迟迟没有启动。

认准了方向，吴有生和船舶界同事们一直在坚持，并组织力量自主开展研究。他曾陪同徐秉汉院士在2000年和2001年，两次向时任中国工程院院长的宋健汇报深海载人潜器技术及立项问题。

宋健对我国的深海研究开发事业表示支持，他问："世界上载人深潜器最大下潜深度是多少？"吴有生回答："是日本的6500米。"宋健当即表示："那我们就搞7000米的！"

在科技部与原国家海洋局的大力支持下，2001年，"7000米载人

△ 2017年11月，吴有生在基隆第10届船舶水动力学国际会议上作报告

潜水器"重大专项终于列入"863"计划，并于2002年7月9日通过了合同评审。

7000米载人潜水器马上要开始研制了，谁来担任总设计师？吴有生想到了已退休的七〇二所老研究员徐芑南。于是，他一个越洋电话把徐芑南请了回来，这才有了"蛟龙号"。

"'蛟龙号'的诞生及深海考察活动大大促进了中国民众海洋观念的提升。通过无人系统看海底，如同看'录像'，而载人潜水器让科学家身临其境，实现选准目标看'真相'。"吴有生说。

有人技术与无人技术相结合，将是开发利用深海资源的必然发展方向。"蛟龙号"刚启动，吴有生很快又投入更高层次的深海装备技术——"深海空间站"的全面策划和技术攻关中。

"明年，世界瞩目的万米载人深潜器就要出来了，还有深海空间站及我国极大型浮式装备研究都在推进中。仅就七〇二所而言，已形成一支专业配套、事业心强、业务精湛、善于攻坚的研究团队，平均年龄只有31岁。他们有能力推动我国深海装备技术研究继续快步向前走，走到世界前列。"吴有生信心十足。

《中国科学报》(2019-06-28 第1版 要闻)

传承　大国工程　使命担当

袁隆平

（1930.09—2021.05）

　　杂交水稻育种专家。1930年9月出生于北平，1953年毕业于西南农学院。1964年开始研究杂交水稻，1973年实现三系配套，1974年育成第一个杂交水稻强优组合南优2号，1975年研制成功杂交水稻制种技术，从而为大面积推广杂交水稻奠定了基础。首届"国家最高科学技术奖"得主。1995年当选中国工程院院士。

袁隆平：用一粒种子改变世界

王昊昊

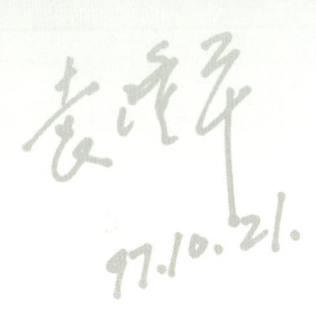

2024年5月22日前后，来自各地的群众手持鲜花和稻穗，到位于湖南长沙的唐人万寿园，深情悼念中国工程院院士、"共和国勋章"获得者袁隆平。

今年是袁隆平逝世3周年。这位享誉世界的著名科学家，是我国杂交水稻事业的开拓者和领导者，一生致力于杂交水稻的研究、推广与应用，曾发明"三系法"籼型杂交水稻，成功研究出"两系法"杂交水稻，创建了超级杂交稻技术体系，为我国粮食安全、农业科学发展和世界粮食供给作出了杰出贡献。

袁隆平有两个梦，一个是禾下乘凉梦，另一个是杂交水稻覆盖全球梦。他常说，人就像种子，要做一粒好种子。他的一生都浸在稻田里，用一粒种子改变了世界。

立志学农逐梦稻田

袁隆平和农业结缘，源于他小学时的一次郊游。6岁的袁隆平曾到武汉郊区的一个园艺场参观。眼前的一幕让他惊叹不已：红红的桃子挂满枝头，紫红的葡萄一串串垂在架上，花圃里百花争艳。那一刻，袁隆平下定了学农的决心。

传承 大国工程 使命担当

父母曾郑重地问袁隆平究竟想学什么,袁隆平认真地说:"我要学农业,为农业奋斗。"1949年,他如愿考上了农学专业。毕业后,他被分配到湖南湘西雪峰山麓的安江农校任教,开启了长达18年的教书生涯。

1961年,袁隆平课后在学校的早稻试验田里,意外发现一株"鹤立鸡群"的稻禾,足有10余穗。他挑了其中一穗,发现有籽粒200多粒。袁隆平如获至宝,收获时把这一株的籽粒全收了。

第二年,袁隆平把种子播到试验田,结果田里的稻株高的高、

△ "发展杂交水稻,造福世界人民"

矮的矮，抽穗时早的早、迟的迟，性状发生了分离，让他很失望。

但失望之余，袁隆平进一步思考造成这种分离现象的原因是什么。水稻是自花授粉植物，纯系品种是不会分离的，只有杂种的后代才可能出现这种孟德尔、摩尔根遗传学定律的分离现象。灵感告诉他，那株"鹤立鸡群"的稻株是一株"天然杂交稻"！

尽管当时的学术界认为水稻是自花授粉植物，没有杂种优势，但袁隆平认为，既然自然界存在天然杂交稻，他又通过人工杂交试验发现的确有一些杂交组合具备优势现象，那么水稻这种自花授粉作物是存在杂种优势的。基于这些认识，他坚定了要搞杂交水稻研究的信念。

1964年，水稻抽穗扬花的季节，袁隆平一头扎进稻海，在观察了14万多株水稻稻穗后，发现了第一株来自洞庭早籼的雄性不育株。

袁隆平在1966年2月的《科学通报》上发表了杂交水稻研究的第一篇论文——《水稻的雄性不孕性》。这篇论文在国际上首次论述了水稻雄性不育在自然界是存在的，并指出其重要科学价值和生产利用前景。

在杂交水稻研究最初的6年里，他和助手先后做了3000多个杂交组合的试验，均没有获得不育株率和不育度达100%的不育系。为此，袁隆平提出用"远缘的野生稻与栽培稻进行杂交"的新设想，作为研究新不育材料的新途径。

1970年11月23日是杂交水稻研发史上特别的日子。那天，海南南红农场技术员冯克珊和袁隆平的助手李必湖在交通要道旁发现一片野生稻，田里有3个稻穗的雄花颜色异常，均来自同一株野生稻。后经袁隆平确认，这3个稻穗的花粉与试验田里不育株的花粉染碘镜检情况一样，他把这株雄花败育的野生稻命名为"野败"，这成为突破三系配套的关键。

1973年10月，在苏州召开的全国水稻科研会议上，袁隆平作了题为《利用"野败"选育"三系"的进展》的报告，标志着中国籼型杂交水稻三系（不育系、保持系和恢复系）配套成功。1974年，第一个强优势高产杂交稻组合"南优2号"破土而出；1976年，杂交水稻开始在中国大面积种植，在生产中比常规稻增产20%。

高产、更高产、超高产

高产、更高产、超高产，是袁隆平团队对水稻产量的永恒追求。

三系法虽是杂交水稻最初培育成功采用的方法，但随着杂交稻的不断推广和应用，从育种上分析，杂交水稻研发尚处于发展的初期阶段。为此，袁隆平带着团队不断寻求新突破。

1986年，袁隆平又发表了一篇著名论文——《杂交水稻育种的战略设想》。他将杂交水稻的育种从选育方法上分为三系法、两系法和一系法三个阶段，即育种程序朝着由繁至简且效率越来越高的方向发展，优势利用朝着越来越强的方向发展。

取得新突破绝非易事。光敏不育系的发现，让两系法杂交水稻育种迎来新希望。然而，两系法研究在全国逐步铺开时，他们却遭遇当头一棒。

1989年7月，一次异常低温天气导致已经过鉴定的"光敏不育系"变成了可育，出现了"打摆子"现象，全国两系杂交水稻制种几乎都失败了，这直接让两系杂交水稻研究步入低谷，甚至有不少学者放弃了两系法杂交水稻研究。而袁隆平带领协作组，加强了两系法杂交水稻气象科研协作攻关，并开展了两系杂交水稻的选育、繁殖、制种等重大策略研究。

袁隆平带领协作组总结出一整套选育实用光温敏不育系的技术方案和体系，设计出一套能使临界温度始终保持相对稳定的独特光温敏不育系提纯方法和原种生产程序，提出亚种间强优组合选配等技术策略和措施……最终，两系杂交水稻的研究拨云见日，专家们信心倍增，研究也从低谷中走了出来。

1995年，克服重重困难的两系法杂交水稻研究取得成功，相较于三系法杂交水稻，前者一般可再增产5%至10%，且米质较好。

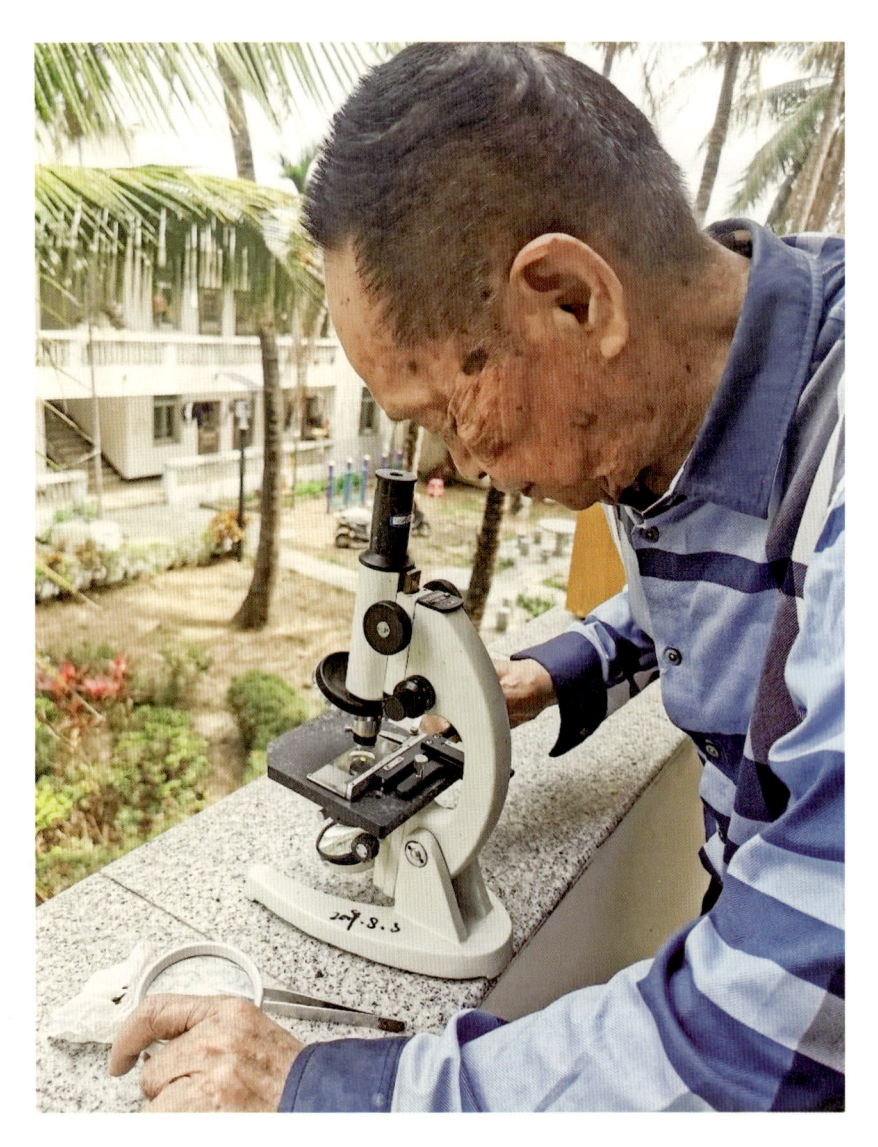

△ 袁隆平在观察稻种

袁隆平认为，粮食问题始终是关系国计民生的头等大事。我国人口众多，人均耕地少，解决21世纪的吃饭问题，唯一出路在于依靠科技进步，而提高农作物的单位面积产量是极其重要的手段。

紧接着，我国提出超级稻计划，第一期目标是到2000年大面积种植水稻，亩产达700千克，第二期目标是到2005年大面积种植水稻，亩产达800千克。

1997年，袁隆平在《杂交水稻》上发表论文《杂交水稻超高产育种》，之后迅速立项在两系法基础上研究超级杂交稻，提出了"形态改良与杂种优势利用相结合选育超级杂交稻"的水稻超高产育种理论和技术路线。

通过持续的科学研究，杂交水稻在50年里历经三次理论创新突破，实现了五轮产量跃升。2000年、2004年、2011年和2014年分别实现了水稻大面积种植亩产达700千克、800千克、900千克和1000千克的中国超级稻育种第一期、第二期、第三期和第四期育种攻关目标。该研究两度被两院院士评为"中国十大科技进展"。

▽　李晓红与袁隆平（右）合影

△ 袁隆平在田间

目前，中国年种植杂交水稻面积已超1700万公顷，年增产约250万吨，每年可多养活8000万人口。一季稻大面积种植亩产从2000年的700千克，攀升至2023年的1251.5千克。籼型杂交水稻"三系"配套成功以来，已累计推广应用于70多个国家近100亿亩田地，粮食增产近万亿斤。

"种子精神"代代传

袁隆平一生成就斐然，获表彰无数，但他最惦记的还是"下田"。他常说："一到超级稻田里，我就兴奋起来了，就不累了！"90岁高龄时，他佝偻的身影仍常出现在试验田里。

在袁隆平纪念墓园旁的立石上，刻有"人就像一粒种子，要做一粒好种子"。这是袁隆平生前经常说的一句话。斯人已逝，"种子精神"长存，激励着一代又一代的追梦人一往无前。

"我培养研究生、博士生，首要条件是得下田。怕下田、怕吃苦,我就不接收。电脑很重要,书本知识也很重要,都是基础,但电脑、书本里种不出水稻。"袁隆平曾说,他不在家,就在试验田,不在试验田,就在去试验田的路上。他的一言一行,深刻地影响着身边人。

"我给学生讲课时,总会讲我眼中的袁院士,讲袁院士的八字箴言'知识、汗水、灵感、机遇',希望学生学习袁院士的职业精神、忧患意识、责任担当,继续他的未竟事业,实现他的禾下乘凉梦和杂交水稻覆盖全球梦。"做了袁隆平25年工作助理、湖南杂交水稻研究中心的研究员辛业芸表示。

近几年,袁隆平的后辈及同事,在杂交水稻新品种及配套新技术上不断取得新突破。比如,超级杂交稻一季稻大面积种植平均单产超过每公顷18吨,创造了世界水稻种植最高单产纪录;应用第三代杂交稻新成果在湖南进行双季晚稻种植,使双季稻周年产量每公顷超过24吨;培育了"低镉臻两优8612""西子3号"等新品种,成

▽ 2020年4月8日,袁隆平在三亚南繁基地查看试验田

为世界上第一批可大面积推广应用的实用性低镉水稻品种。

2022年，"爽两优138"在广东江门耐盐碱百亩示范种植产量达412.1千克，兴安盟"157"品系和"X56"品系在苏打盐碱地亩产分别达717.56千克、702.5千克；再生稻培育筛选出"两优389""爽两优138"等10多个新品种；第三代杂交稻开发了具有自主知识产权的不育系分选技术和转基因花粉失活技术，从技术源头上解决了"卡脖子"难题……

正如袁隆平在自述文章中所说，"我国杂交水稻研发始终处在科技前沿。通过改革开放，我们不断创新，一次次打破世界水稻单产纪录，推动学科发展乃至社会生产力的进步。我们有能力、有信心依靠种业科技进步解决和保证中国人的吃饭问题，也有能力为维护全球粮食安全、促进世界和平与发展贡献自己的力量"。

《中国科学报》(2024-06-07 第1版 要闻)

传承 大国工程 使命担当

陈厚群

(1932.05—)

水工结构抗震专家,主要从事重大水利水电工程的抗震关键问题研究。1932年5月出生于江苏省无锡市。1958年毕业于苏联莫斯科动力学院,获学士学位。在混凝土坝的抗震加固理论研究和解决重大工程的抗震关键问题方面作了贡献,主持编制和修编了我国《水工建筑物抗震设计规范》等多本规范,负责建置我国第一座大型三向六自由度模拟地震振动台。1995年当选中国工程院院士。

陈厚群：为祖国高坝大库筑牢"安全线"

蒲雅杰　冯丽妃

清晨的阳光透过窗户洒进房间，92岁的中国工程院院士陈厚群开启了新的一天。他来到书桌前阅读一些业务书籍，尽管已退休多年，但科研工作者的"惯性"使他依然保持着对高坝工程抗震科研的关注和热情。

作为我国水工抗震学科的奠基人和开拓者，陈厚群数十年奔走在水电大坝建设一线，曾攻克刘家峡、小浪底、龙羊峡、紫坪铺、小湾、溪洛渡等诸多大型水利水电工程结构抗震关键技术难题，担任三峡工程、南水北调工程两项大国工程的质量守门人，用所学为祖国高坝大库筑牢"安全线"。

如今，这位"90后"科学家每天仍在"温故知新"，过去"知其然"的水工结构抗震基础性知识，现在更要知其"所以然"。他还关注最新的高坝工程抗震进展，一有心得就把它写成文章投给学术刊物，或做成演示文稿在学术会议上分享。

以前，他说："只要祖国需要，我就随时准备出发。"现在，他想尽可能为奋斗了一辈子的事业再出一份力。

中国广大知识分子不管在什么情况下，总想着把原本得之于祖国人民培育的知识，真诚回报祖国和人民，去实现建设强大祖国的夙愿。我从这种执着精神中多所"吸取"和激励。

陈舜醴
1999.5.14

▷ "把原本得之于祖国人民培育的知识，真诚回报祖国和人民"

临危受命，结缘水工抗震

"从事水利水电工程抗震研究并非我的主动选择。"谈起与水电抗震事业结缘，陈厚群回忆说。

1932年，陈厚群出生于江苏无锡。由于正值战火纷飞的年代，他的少年时期是在颠沛流离的逃亡中度过的，艰难的时局激发了陈厚群强烈的爱国情怀。

20世纪50年代末，陈厚群被清华大学派遣到苏联学习水电建设，以全优的成绩学成归国。他带着科技报国的决心，进入水利电力部直属的水利水电科学研究院工作，投入中国一线水电建设中。

当时，一件棘手的事情发生了。

△ 陈厚群（右二）在龙羊峡大坝现场

1959年,广东新丰江水电站开始蓄水后,当地频繁发生地震。但当时我国对大坝抗震的研究还很少,对水库蓄水引发的地震更是缺乏认识。大坝的安全涉及包括广州在内的下游地区群众的安危,国家十分重视,决定立即对大坝进行加固。

我国是地震多发国家,而大坝建设会随经济发展加速。这一国情让中国科学院学部委员(院士)、时任中国水利水电科学研究院副院长的黄文熙深感大坝抗震安全研究的重要,并亲自"点将",任命陈厚群负责筹建抗震组,开展新丰江大坝的抗震加固研究。

30岁的陈厚群就这样"临危受命",与水电抗震结下缘分。这个领域当时对他来说是陌生的,用陈厚群的话说,"从未学过什么'抗震',对这个学科可谓一窍不通"。

重任在肩,压力就是动力。陈厚群迎难而上,抱着"边干边学""在战争中学习战争"的心态,一步一个脚印,恶补工程抗震知识,带领队员们进行大量现场观测和分析计算,逐步攻克了难题。

"这一仗"开创了我国水库研究和大坝抗震安全系统性研究的先河,也是陈厚群人生中一次重要的科研方向的转变。从此,他和抗震研究从"陌生人"变成了一辈子的"好朋友"。他先后主持并作为主要骨干完成了诸多大型水利水电工程的结构抗震研究。

"在这个过程中,我们始终秉持着一种责任感和使命感,并且深刻认识到这些任务对国家安定、社会经济发展的重大影响。"陈厚群说。

攻坚克难,勇挑学科大梁

高坝大库的抗震安全是涉及地震学、动力学和材料学等多个学科的交叉研究。在这条道路上,陈厚群带领团队一路追赶,经历了从入门到追赶,从跟跑到并跑,再到"敢为人先"、向世界领先水平发起冲击的征战过程。

以当今世界规模大、技术难度高的小湾、溪洛渡、白鹤滩高拱坝工程的抗震设计为例,这些地方地理形势险峻、地质构造特征复杂，坝址都位于我国西部强震区，因此对这一类高坝的抗震设计无疑是巨大的难题。

困难也是机遇。陈厚群在实地考察中充分发扬"守正创新"的精神，将新技术、新成果不断运用到实际问题的解决中。

"通过与地震部门协作，我们确定了更切合实际的地震震动输入模型，在探索基于'随机有限断层法'的面源发震机制后，建立了能反映细部结构和地质特征的精细有限元分析模型，并进行了基于损伤力学理论的地震损伤破坏全过程的响应分析。此外，我们还进行了大坝混凝土的强度试验和损伤演化规律测试，为抗震设计提供了重要依据。"

这些创新研究为世界上规模大、技术难度高的高拱坝工程的抗震设计提供了宝贵经验。

20世纪80年代，传统坝体抗震设计方法从"拟静力法"开始向"动力法"转变，但缺少可依赖的物理模型试验对复杂的三维结构进行准确分析。

▽ 2014年，陈厚群主持南水北调中线通水技术验收

陈厚群带领团队建成中国第一座大型三向六自由度模拟地震振动台，可模拟各种强度的地震，成为工程抗震设计的重要依据。振动台不仅服务于水利水电部门，还为建筑、电力、核电和石化等部门的抗震试验提供了支持，被国际同行评为"世界最佳坝工抗震试验设备"。

在解决实际问题的同时，陈厚群还勇挑大梁，为学科发展作出重要贡献。

"在诸多工程实践的基础上，我开始试着编制既能反映已有共识的科研新成果，又能促进追踪前沿研究的水工建筑物抗震设计国家标准。"抱着这样的想法，陈厚群牵头主编了首部水工抗震国家标准，填补了我国水工抗震设计的空白。

在实现跨地区和行业的"产学研用"联合攻关的过程中，陈厚群团队的结构振动开放研究实验室被纳入中国科学院的开放实验室系列。

在他的推动下，结构振动开放研究实验室在5年时间里，逐步取得了一批达到国际先进水平的科研成果，并先后获得12项国家级、省部级科技进步奖，对工程结构抗震研究和人才培养起到了良好的示范作用。

老而弥坚，守护大国工程

1995年，因在水工抗震领域从实践到理论取得一系列成就，陈厚群当选中国工程院院士。

欣喜之余，他受到莫大的鼓舞与激励，心中充满强烈的使命感和责任感。63岁的他告诉自己："脚下的路是一个需要再接再厉拼搏的新起点，而绝非可以放松歇息满足的终点。"

年龄挡不住陈厚群坚持创新的热情。耄耋之年，他老而弥坚，迎来生命中又一轮创新高潮。

2011年和2012年，陈厚群先后担任南水北调工程专家委员会主

△ 2011年，陈厚群获国际大坝委员会终身成就奖后致答词

任、三峡枢纽工程质量检查专家组组长，为我国两项重大战略性基础设施把关控质。

"事关这两个举世瞩目的伟大工程的质量和安全，我深知责任重大，因此总是怀着'如临深渊、如履薄冰'的忧患意识，力求恪尽职守以完成任务。"陈厚群说。

其间，除了为重大关键技术问题提供咨询外，这位身形消瘦、头发花白的"80后"老者常常奔走在高坝大库工程之间，头戴安全帽、身穿冲锋衣，冒着酷暑严寒，攀爬高山峭壁，开展技术指导、工程检查。深入工程现场，他带领专家组提出数百条建议，保证三峡工程安全、高效建设与运行，其中仅设计三峡升船机的抗震等级一项，就为国家节省十几亿元。

此外，陈厚群还组织开展了我国史无前例的300米级高拱坝抗

121

震技术问题研究，为工程关键技术难题提供了理论基础和科学依据；带领团队研发了高性能并行"云计算"大坝抗震分析软件，这是一套拥有自主知识产权、完全不依赖任何商业程序的系统程序，获得了国家超算天津中心颁发的"天河应用创新优秀奖"。

结缘水工抗震研究60余年来，陈厚群曾获得30多项国家和省部级科技奖，并获得全国五一劳动奖章、全国先进生产者、全国水利系统特等劳模、"最美科技工作者"等荣誉称号，被国际大坝委员会授予终身荣誉奖。

虽荣誉等身，但他始终认为，自己只是"在水利水电领域一线从事科研工作的普通一兵"。

见证了新中国水库从1200多座到如今近10万座的巨大变迁，"老兵"陈厚群认为，水电作为可再生的清洁能源，是当前实现"双碳"目标的主力军。水利水电工程，特别是高坝大库在水资源配置

△ 陈厚群在西安理工大学作报告

及我国居世界首位的水能开发利用中具有无可替代的重要作用。

"水工抗震学科在汲取传统经验的同时,还应勇于创新,加强突破性技术的自主研发。"面对如今技术高速发展的新形势和新要求,陈厚群呼吁。

"爱国是动力,敬业是基础,学习是提升,思考是关键,实践是根本。"陈厚群总结了与团队征战南北60余年来对科学精神的体会,以此鼓励青年科学家勇担重任,将科研成果应用于国家现代化建设,为建设科技强国贡献力量。

《中国科学报》(2024-05-30 第1版 要闻)

钟 掘

(1936.09—)

  机械工程专家,中南大学教授,主要从事装备制造行业研究。1936年9月出生于江西省南昌市,1960年毕业于北京钢铁学院,获学士学位。长期从事高性能材料强场制造、复杂机电装备设计与控制等领域研究工作。1995年当选中国工程院院士。

钟掘：为祖国强盛不懈奋斗

王昊昊

"自强不息，科学报国。"这是钟掘对自己的要求和期望。

钟掘是我国机械专业领域首位当选为中国工程院院士的女科学家。作为中南大学教授，她几乎每天准时出现在中南大学的实验基地。她虽年近90，但精神矍铄、充满激情，常常出差、下厂，到全国各地参加学术会议。

钟掘的故事，是一个中国知识分子随祖国发展而成长的故事。她曾获得两项国家科技进步奖一等奖、两项国家科技进步奖二等奖、一项国家技术发明奖二等奖等奖项，以及"全国先进工作者"等荣誉称号。

开启在重工业领域的奋斗生涯

还是小学生的钟掘，就背着行李与家人从湖南徒步到重庆，一路上，她饱尝日本侵略带来的苦难，深感只有祖国强大，人民才能安生。她从童年开始就下决心要为国家的强大而努力奋斗，这也成了钟掘毕生的追求。

1955年，在北师大女附中求学的钟掘即将毕业。

当时，党中央作出优先发展重工业的决策。周恩来总理在报告

△ "求索，求知，求实"

中指出"重工业是国家工业化的基础"，强调"集中主要力量发展重工业"。

"总理的报告长久萦绕于心。当时学校组织毕业生去钢厂煤矿接受现场择业教育，虽然生产条件十分艰苦，但工人的勇敢、勤劳振奋人心。我决心为国家经济基础建设努力奋斗，便填报冶金机械为志愿。"从此，钟掘进入北京钢铁工业学院冶金机械专业学习，开启了在重工业领域的奋斗生涯。

几十年后的今天，她仍和团队里的年轻人一起迎接新型空天装备、空天运载功能升级带来的新挑战。

"这些领域里既有必须竞争制胜的国家任务,又潜藏亟待破解的技术奥秘。"钟掘努力将占空天装备结构重量60%至80%的超高性能轻合金结构向多尺度形性精准制造推进,创造了国际最大、最轻的大型结构件,为空天往返复用长期服役战略目标的实现提供了基础条件。"团队的新一代技术和产品,一定能更好地助力国家空天制胜。"

打造世界最好的生产线

重工业这个充满"阳刚之气"的领域,在很多人印象中是男性的天下。但钟掘毫不犹豫踏入了这个"硬冷世界",她是那届北师大女附中300余名毕业生中选择冶金机械专业的两名女生之一。

1960年大学毕业后,钟掘被分配到中南矿冶学院工作。"带学生

△ 钟掘指导团队开展科学实验

到冶金厂实践调研后,我就想,要努力助推我国冶金工艺过程全线机械化、自动化,让工人从危险中走出来,让机器工作如人一样准确。"钟掘的科研工作就从这些具体的技术革新开始。

到了20世纪70年代后期,经济建设迎来高潮,钟掘和同事开始向一个又一个冶金机械方面的大型工程技术难题发起冲击。

20世纪80年代初,武汉钢铁厂引进日本1700热连轧机特大型工业生产系统。然而,这套号称集各种现代科技于一身的世界上功能最强的材料生产装备,在空载试车时就出现重大故障——传动系统非承载面被异常破坏,日方指责是中方使用不当所致。

钟掘课题组应邀进行故障诊断,发现设备传动系统内部有一个设计之外的力流,以数倍于设计值的巨大负载在系统内反向传递而导致设备异常损坏。这一问题的揭示令日方折服,不仅主动作出赔偿,还优化了相应的软硬件技术。

这是此类设备设计、制造、运行中从未被人发现过的内部隐蔽问题。发现问题所在,不仅让我国打赢了国际技术较量战,也打开了钟掘认识机械工程世界的大门。

通过处理多类国外引进装备技术的缺陷,钟掘在实践中得到了锻炼。"只要不懈努力、潜心观察思考、不惧权威,揭示已有的未知故障,大胆提出新方法,就一定能创造超过他人的工程系统,打造世界最好的工业生产体系。"她总结说。

发掘机械集成科学新内涵

几十年的教学与科研生涯中,钟掘热衷于在生产线上观察、琢磨。"我喜欢欣赏机器强大的功能,也关注其中有无出现异常的生产现象,继而通过采集数据、思考源头机理等,提出解决异常问题的方法,最终以高效率获得高质量产品。"钟掘说,"同时思考有没有更好的方法,生产出性能更好的产品。"

在工作积累中,钟掘日益感受到机械工程是一个神秘而又丰富

△ 钟掘指导团队开展相关工作

多彩、潜力无穷的世界，是自然科学与人类智慧的美好结合，是不断创造的"人造系统"，是人类生存发展的利器，隐藏了无穷的威力。

"要始终带着好奇心学习思考、不懈实践，运用多学科的知识，才能创造出具有新功效的机械装备。"钟掘表示。

在完成中国材料加工生产现代化改造任务的过程中，钟掘发现了奇异现象并总结提出"封闭力流"概念；在完成我国3万吨水压机能力升级的技术改造中，钟掘发现水压机存在巨大附加力矩，导致压机米级直径立柱、近千吨级重梁受损，只有严格控制作业状态能量传递路径和近零运行误差才能规避；在解决高速轧机振动、轧件周期缺陷问题时，钟掘发现不同轧机有不同的机电耦合谐振机理和不同的触发敏感参数关联规律……

钟掘常说，"物理学的科学成就，最能引导人的创造欲望和创新想法"。她一直热衷于寻求新的制造能量来充分调动物质深藏的本性，使其演变为产品超常的服役性能，先后将超声技术、电磁技术引入材料形性制造中，在解决铸件均质纯净化、锻件连续细晶化、薄壁构件高刚度化等方面的问题中获得了意想不到的效果。

在破解这些科学问题的过程中，钟掘提出，在科学大发展的今天，要特别关注工程科学中的新知识，包括装备运行中的附加封闭力流理论、复杂机电系统耦合设计与解耦控制理论和方法、高性能构件的形性协同制造和多尺度结构形成的能量规律等。她提出的这些工程科学新知识已被同行认可和应用。

机械学科要有新作为

随着科技的快速发展，有先进的科技水平和创新能力已成为国家竞争力的重要元素。

进入21世纪，钟掘敏锐地认识到，在突飞猛进的科技发展中，机械学科必须有新作为。国家安全的需要是第一位的，航空航天装

△ 钟掘在会议现场

备的制造能力已从样机研制转为批量生产，而信息产业的落后状态已威胁到国家经济安全，迫切需要突破关键制造技术和装备领域的瓶颈。这是国际竞争中两个重要的战略领域。

当时，我国正在组织制定《国家中长期科学和技术发展规划纲要（2006—2020年）》，钟掘参加了规划的战略研究。

立足国际竞争和我国国情，钟掘重点关注的是如何快速提升我国国防、经济、人民生活安全所需装备的制造能力。通过和制造领域多位专家讨论，她提出了"极端制造"的概念和内涵，认为要提升重大战略领域的竞争力，必须具备在国际竞争中制胜的极端服役装备制造能力，在此目标牵引下，技术上必须突破极大尺寸、极小尺寸、极端服役能力、极端制造技术等技术要害和难点。

"要将制造的能量和物质转化为产品的条件应用到极致，使构件处在最好的形性演变状态，以获得品质最佳的产品。"钟掘期望"极端制造"的概念能促进国内制造界抢占制高点。

这一概念经专家论证获得认可，被列入《国家中长期科学和技术发展规划纲要（2006—2020年）》的"前沿技术"，且被列入后续国家相关科技发展计划，落实在国家科技项目中，已初见成效。

"国家重大需求永远是首要的""科技进步要靠自己奋斗""难题总能破解""自主创新是唯一出路"……这是钟掘常说的话，也是她科研人生的写照。她认为，从事机械学科的教学与科研工作，要传承，更要创新，不仅要坚持走学习和创新并行的道路，还要带着学生一起走好这条路。

现在，钟掘仍带领团队奋斗在科研一线，聚焦国家最需要的领域，努力攻克一道又一道科学难关。"我的科研和工作很忙，一般在学校食堂吃饭，偶尔会在家做菜。我很少有时间锻炼身体，隔三岔五下厂试验和出差，就是很好的锻炼。不停地发现、思考、破题就是我的生活，很简单但很充实。"钟掘说。

《中国科学报》（2024-06-28 第1版 要闻）

传承 大国工程 使命担当

王泽山

(1935.10—)

含能材料专家、火炸药专家。1935年10月出生于吉林省吉林市。1960年毕业于哈尔滨军事工程学院。国家最高科学技术奖获得者,南京理工大学化工学院教授,主要从事含能材料方面的教学与科学研究。1999年当选中国工程院院士。

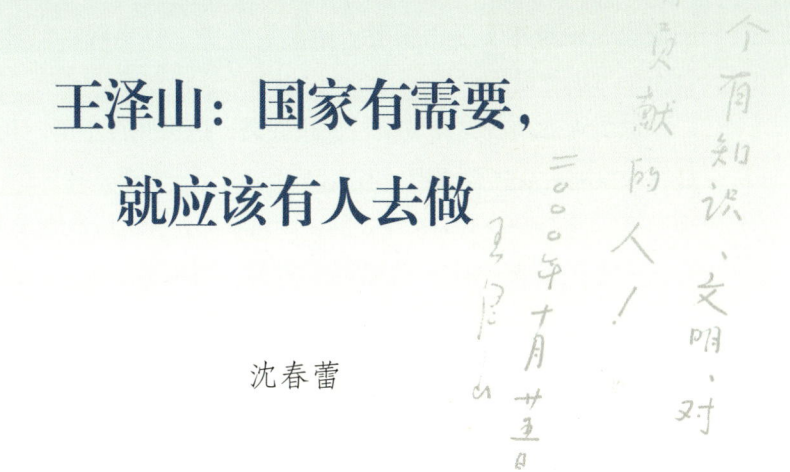

王泽山：国家有需要，就应该有人去做

沈春蕾

2023年8月下旬的一天，在中国西北部某试验基地，一位年近九旬的老人在现场指导试验。他是中国工程院院士、南京理工大学教授王泽山。他说，只有来到现场，第一时间拿到数据，自己才能放心。

王泽山说："我这一辈子，除了火炸药研究这件事外，别的都不擅长。"这位"只擅长"火炸药研究的专家，作为第一完成人先后荣获国家科技进步奖一等奖一次、国家技术发明奖一等奖两次，并获得2017年度国家最高科学技术奖，被称为火炸药"三冠王"。

专业无冷热

"不做亡国奴"，这句话王泽山童年时就铭记于心。1935年，王泽山出生于吉林省吉林市，当时我国东北三省被日本占领，成立了"伪满洲国"。

"你是中国人，你的祖国是中国。"王泽山的父亲经常悄悄在他耳边说。在父亲的教诲下，目睹了日寇暴行的王泽山在心底埋下了一颗报国的种子。

"没有国防力量的国家是弱小的、是没有话语权的。"带着这样的信念,1954年王泽山报考了哈尔滨军事工程学院,他是班上唯一自愿学习火炸药的学生。

因为火炸药研究领域窄、危险性高,过去几百年里,我国的火炸药技术发展一直比较缓慢。有人问王泽山为什么要选择这个冷门专业,他回答:"这个专业是国家设立的,国家有需要,就应该有人去做。"

专业无所谓冷热,只要祖国需要,任何专业都可以光芒四射。带着这样的信念,王泽山开启了玩"火"的事业,并从此带"火"了一个冷门专业。

这条路并不好走。中华人民共和国成立之初,国内火炸药的研究和生产十分落后,主要依靠苏联支持和支援。后来苏联专家回国

▽ "做一个有知识、文明、对社会有贡献的人"

了，我国的火炸药技术研究一度举步维艰。

"跟踪仿制，永远被人制约，我们必须走在国际前列。"王泽山用一生的研究践行了这句话。

1960年，王泽山从哈尔滨军事工程学院本科毕业后，进入炮兵工程学院火药实验室从事研发工作。刚参加工作不久的王泽山，在既没有技术支持，也没有先进的研究平台的情况下并没有气馁，反而被激发出强烈的斗志。

在落后的小实验室，他是如何做出一项项领先世界的科研成果的？这让很多国外军工专家想不通。

当年，王泽山从基础原理和理论体系构建做起，一点点搭建起我国火炸药专业领域的"四梁八柱"。即使在最困难的时期，他也没有放弃研究。

功夫不负有心人。在这个曾被认为"冷门"的火炸药领域，王泽山通过努力终于迎来了科学研究事业的"大爆发"。

火炸药"三冠王"

火药是我国古代四大发明之一，也是现代火炸药的始祖。但在和平年代，那些储备超期的火炸药对环境和社会存在潜在危害。

在国际上，过期火炸药常见的处理方式有3种。第一种是扔公海，但对海洋环境的污染极大；第二种是深埋，过期火炸药一般埋几十年就会彻底失效，但存在隐患；第三种是集中烧毁，这不仅污染环境，操作过程还比较危险。

世界各国都在研究如何处理过期火炸药。王泽山带领团队奔波于工厂和部队之间，攻克了一道又一道难关，终于将过期的火炸药成功转变为能产生经济效益的重要工业原料，不仅实现变废为宝，还畅销海内外。

作为该技术的第一完成人，王泽山荣获1993年国家科技进步奖一等奖。

△ 王泽山（右）在南京理工大学汤山科研试验中心靶场与工作人员一起检查试验效果

随后，王泽山带领团队投身新的研究领域——低温感技术，这是国内外多年来非常关注但又难以攻克的尖端技术。

王泽山团队另辟蹊径，通过研究燃烧的补偿理论，发现了低温感含能材料，并解决了存储稳定性问题，显著提高了能量利用率。这项技术的完成，让王泽山获得1996年国家技术发明奖一等奖。

收获两项国家奖后，61岁的王泽山并未就此停步。这一次，他选择向世界军械领域的一项技术难题发起挑战。

据了解，美、英、法、德、意5国科学家曾联合开展模块装药研究，耗费巨资、历时多年，终因无法突破技术瓶颈被迫中断。

王泽山带领团队耗时20年，终于研发出具有普适性的全等式模块装药技术。他再次问鼎国家奖，荣获2016年国家技术发明奖一等奖，并有了火炸药"三冠王"的美称。

"只有亲临现场，我才放心"

尽管收获了"三冠王"，王泽山依然工作在一线。"我的生活已经跟科研分不开了，一旦离开，就感觉失去了生活的重心。"他说。

由于火药易燃易爆，很多验证工作必须在人烟稀少的野外进行。试验场地的环境和条件很艰苦，但王泽山从来不在办公室里坐等试验数据和结果，每年有一半时间在试验场地指导试验。

火炸药性能参数的验证中有很多不确定因素，试验过程也颇具危险性。王泽山常说："为了收集准确的一手数据，同时也为了确保整个试验过程的安全有效，只有亲临现场，我才放心。"

有一次，在内蒙古阿拉善靶场，当时室外温度达到零下27摄氏度，做试验用的高速摄像机因恶劣环境"罢工"了，王泽山却跟着大伙儿在外面待了一整天。晚上，王泽山还要核对和验证白天取得的各类数据，反复检查试验过程有无疏漏之处。

在同事眼中，王泽山好像根本不知道疲倦。不管前一天睡得多晚，第二天他都会精神抖擞地出现在现场。

他常说："搞科研，不能满足于获得了什么奖、申请了几项专利，或发表了几篇论文，应该想办法把项目转化为工业化生产。"这些年，为了促进军工项目向民用转化，王泽山不仅自己做研究，还指导企业改进相关技术。

有一家企业生产的起爆器需要使用火炸药，企业相关人员多方打听找到王泽山，希望寻求技术合作。王泽山不仅同意合作，还多次前往企业工厂做试验，分析第一手数据。

"如果没有王院士的指导，即便产品小样试制出来了，我们还是不敢大规模组织生产。"该企业负责人表示。

为解除企业的顾虑，王泽山不仅具体指导每一个步骤，还亲自编订了《安全操作规程》，严格规范每一道工序的操作。

"成果真正投入生产才是最重要的。"在王泽山的帮助下，该企业的项目通过了工业和信息化部含火药起爆器科技成果的鉴定，预期成本至少低了30%。

捐出千万奖金

一面是对科学研究的"讲究",一面是对物质生活的"将就",王泽山还有很多不为人知的一面。

一位穿着简朴的老人坐在木板上吃盒饭、手拿一个饼的照片曾走红网络。照片的主角就是王泽山,他也因此被网友亲切地称为"盒饭院士"。

2021年12月,通过一个朴素的捐款仪式,王泽山将他获得的国家最高科学技术奖奖金等共计1050万元,一次性捐赠给南京理工大学。

他希望这笔资金可以"长期稳定地支持在科学研究领域取得突出成绩且具有明显创新潜力的青年人才"。作为国家重点学科带头人,王泽山为学科建设、人才培养倾注了大量心血。

这些年来,王泽山注重以科研成果反哺人才培养,及时把最新研究成果引入课堂、融入教材、形成专著。他培养的大部分学生扎

▽ 王泽山(右)在南京理工大学汤山科研试验中心靶场与他的团队工作人员交流

▷ 王泽山（左）在南京理工大学汤山科研试验中心向科研人员了解试验情况

根在装备研制一线，有的已经成为国防科技领域的带头人。

如今，王泽山仍坚守着少年时的初心、科学家的担当，始终关注中国火炸药事业的发展，希望将中国的火炸药技术推向新的高度，以此守卫祖国的每一寸领土。

坚持不懈、永不服输的拼搏精神，追求卓越、勇攀高峰的创新精神，是王泽山身上流淌的精神气质，也是他在火炸药科研路上不断求索的动力所在。

《中国科学报》(2024-04-26 第1版 要闻)

传承 大国工程 使命担当

邬贺铨

（1943.01— ）

光纤传送网与宽带信息网专家，主要从事光纤传输系统、下一代互联网和宽带移动通信及工程科技发展战略研究。1943年1月出生于广东省广州市。1964年毕业于武汉邮电学院。1999年当选中国工程院院士。

邬贺铨：慧眼如炬的通信先锋

冯丽妃

中国工程院院士邬贺铨今年81岁了，他的头发已经花白，但像年轻时一样，浓眉下一双炯炯有神的眼睛给人留下深刻印象。

作为国内最早从事数字通信技术研究的核心骨干之一，邬贺铨见证、参与并引领了我国通信技术60多年的发展。他曾数十年如一日扎根科研一线，提出适宜中国发展的技术体系方案；也曾是多个国家重大通信研究项目的"掌舵者"，为我国通信产业的战略发展定方向、谋布局。

耄耋之年的邬贺铨依然关注着中国通信产业的发展。

"过去，中国通信发展得很好，这得益于我们的后发优势、弯道超车，用户量处于一个增长的空间。未来，中国通信发展不能完全靠量带动，必须具备更有价值的内涵，让用户有更好的体验。"他说。

洞若观火　认清方向顺势而为

1943年1月，邬贺铨出生在广东省的一个幸福家庭，他在兄弟姐妹7人中排行第四，父母都是广东省邮电管理局职工。不幸的是，在他十五六岁时父母因病相继去世，为减轻家里负担，高一的邬

△ "信息不会自动转为知识,消化、处理、归纳方能升华"

贺铨退学改上中专——广东省邮电学校,从此与通信结下不解之缘。

1958年,刚迈入邮电学校校门的邬贺铨就跟随广东省邮电管理局的工程队到紫金、揭阳一带参加国防线路施工,搭建通信线路。1960年,他以优异的成绩被保送到改制后的广东省邮电专科学校本科部有线通信专业,后经学校多次调整和合并,在本科三年级时被安排到武汉邮电学院学习,1964年毕业后被分配到邮电部邮电科学研究院第一研究室(载波通信研究室)工作。

"20世纪60年代的主要通信业务是电话。当时,国内的电话传输方式在市内是对称电缆,长途则以架空明线为主,一对铜线上能传输的话音路数只有12路,电路数十分紧张,长途电话非常难打通。那时,我们的研究院在北京,对应的工厂在上海,一上班预约的长途电话经常到中午都没接通,因为要排队。"邬贺铨回忆道。

20世纪70年代,国际上数字通信技术研究已经起步,而我国的长途电话仍然仅有一条从北京到上海的同轴电缆,以及从北京到石家庄、从成都到乐山的几条对称电缆,且都是铜线的,通信技术设施比国外落后几十年。

在此背景下,邬贺铨成为当时国内数字通信领域"第一批吃螃蟹的人",参与和主持开发了多种通信设备和系统,并投入应用、形成产业。这些研究经历和敏锐观察让他对国际通信产业发展洞若观火,多次在关键时刻挺身而出,为我国通信产业发展方向出谋划策。

1969年,邬贺铨在四川眉山电信总局505厂从事24路脉冲编码调制(PCM)终端设备研制。受限于当时国内器件水平,他们在美国标准的基础上做简化版的24路7比特设备,研制出国内第一个市话数字中继系统。这一成果吸引了湖北洪湖、浙江嘉兴等地的邮电局前来学习,这些地方市话的数字化也因此走在全国前列。

▽ 邬贺铨在办公

当时，继美国的PCM24路之后，欧洲提出了PCM30路的标准。中国数字通信标准该走哪条路，一时举棋不定。

在1975年4月邮电部于重庆召开的会议上，这个问题的讨论达到白热化。邬贺铨直言不讳地指出，24路结构不合理、同步性能差、实现复杂、可扩展性不佳，并提出30路开发的总体方案。"PCM基群是数字通信体系的基础，基础不选好，对未来的影响无法估量。"他说。

经过论证，我国数字通信体制最终采用了30路标准。后来美国也放弃了24路标准，事实证明，邬贺铨的建议让我国数字通信产业发展少走了弯路。后来，他负责总体设计研制的国内首批PCM30路产品获得了1979年全国科学大会奖。

1988年，邬贺铨敏锐地捕捉到国际上数字通信体制的变化，再一次挺身而出，向邮电部建议，将当时大量使用的准同步数字系列（PDH）转到同步数字系列（SDH）标准。他还带头研发STM-1/STM-4复用设备，把SDH系统推向实用化，在成都到攀枝花的架空光缆线路上建设了国产SDH设备光纤通信示范工程，使我国通信技术水平进一步提高。该研究先后获得1997年邮电部科学技术进步奖一等奖和1998年国家科学技术进步奖二等奖。

"信息技术和市场每天都在变化，我们必须迅速调整，关键是认清方向，适应环境顺势而为，争取变被动为主动。干好了就能缩短与国外的差距。"邬贺铨说。

谋篇布局　闯出一条中国路

自1993年起，邬贺铨连续"掌舵"三届国家"863"计划通信技术主题及中国下一代互联网示范工程、"新一代宽带无线移动通信网"国家科技重大专项等多个国家重大通信研究项目，为国家通信产业发展谋篇布局。

"这些项目动辄投入数十亿元、上百亿元，投入能不能产生预期

△ 2010年7月19日，邬贺铨（右一）赴北京怀柔区现场检查4G TD-LTE技术试验外场测试工作

结果？能不能给国家通信产业发展带来好的前景？每一个决策判断都不容有失。"邬贺铨深知责任重大。

邬贺铨目光如炬，谨慎研判国内外发展态势，大胆布局。

20世纪90年代，中国正在全功能接入互联网。1997年，国际电信联盟向全球征集3G国际标准技术方案，时任电信科学技术研究院（大唐电信前身）副院长兼总工程师的邬贺铨坚决支持研究院提出的无线通信国际标准。

当时的中国通信产业，芯片、终端、天线、基站、软件无一不缺，邬贺铨等人的想法被很多人认为是异想天开。但他坚持认为，中国开发过1G终端、2G交换机以及SCDMA无线接入系统，具备潜力。最终，由大唐电信主导的TD-SCDMA标准不仅成就了中国在无线通信国际标准领域的突破，还推动了中国标准的产业化、市场化，

△ 2011年7月5日，邬贺铨（前排右一）率"03专项"总体专家组赴中国信通院现场检查4G TD-LTE研发和试验进展情况

引领了整个产业链的联合创新。

"过去，我们买得到国外产品，也就失去了自己做的积极性。当时，国外电信设备供应商等着看TD-SCDMA的笑话，迫使我们不得不从全产业链做起，给了我们一个从'零'开始打造全产业链的机会。"邬贺铨说。

2006年起，邬贺铨担任"新一代宽带无线移动通信网"国家科技重大专项总师，组织3G、4G、5G项目（以下简称"03专项"）的研究开发。该项目的目标是让中国在2020年以前，在无线技术和产业方面，实现芯片与专利两个方面的突破；拓展国内外两个市场，支撑产业链、创新链和网络应用；在无线移动通信国际标准制定方面，成为全球重要主导力量之一。

这些目标都很难实现，在当时看起来甚至不太可能实现。但在邬贺铨和其他专家的努力下，经过15年的研究开发，"03专项"目标全面超额完成。

"比如，我们最初提出的核心专利（国际标准必要专利）指标要从起步时占产业的1%提升到10%，实际上达到了34%；终端芯片指标要从5%提高到20%，实际上达到了40%；国产设备在全球市场占有率要从5%提升到20%，实际上达到了70%；国内设备占有率要从20%达到50%，实际上达到了90%。"邬贺铨如数家珍。

谈及背后的经验，邬贺铨表示，最关键的是提出了一套由下游检验上游的全新验收方法，而不是"到实验室看看、测试一下就过关了"。"比如，由做终端的检验芯片，做基站的检验终端，做网络的检验基站。下游公司说合格就用，否则做上游产品的单位就不合格。"他说。

这种闭环式的检验方式让我国形成了较为完整的移动通信产业链，实现了3G跟跑、4G并跑、5G领跑的转变，成为世界上移动通信技术领先的国家之一。

但邬贺铨并不揽功。他说："我只是把握对了战略方向，把大家的积极性引导到一个正确的方向，中国通信技术和产业的成功离不开行业企业、研究机构、运营商共同的努力和情怀，大家都在努力支持自主创新。"

类似的事情还有很多。21世纪初，中国全功能接入国际互联网10年后，面临IPv4地址严重不足的局面。从2003年起担任中国下一代互联网示范工程专家委员会主任的邬贺铨提出积极发展IPv6，组织技术与产品开发及网络试验。至今，他仍作为推进IPv6规模部署和应用专家委员会主任，带领国内企业成为全球IPv6+发展的主导力量。

乐此不疲　老骥伏枥献余热

如今，"80后"的邬贺铨已经成为一名资深院士，没有了硬性的科研管理任务，但仍在力所能及地发挥余热，参与中国工程院的智库咨询、国家部委的项目评审、国家重点实验室的科研发展方向把关，以及为产业行业服务和开展科普宣传。

工作之余，他仍乐此不疲地紧盯信息技术发展前沿。

"今天，中国通信技术已经发展到一个新阶段，用户数接近饱和，有线电话用户呈下降趋势，移动通信终端号码超过了人口数，全国平均每人每天互联网上网时长达4小时，接近'天花板'。"邬贺铨说，未来，中国通信的发展不能完全靠量的带动，必须具备更

△ 2017年8月，邬贺铨（右二）出席IMT-2020（5G）推进组第13次会议

有价值的内涵，例如与人工智能结合，渗透到更多实体产业中，通过通信让消费者得到更好的体验，这样才能更好地发展。

他同时表示，移动通信的下一步是6G，它将是国际竞争的重要一环。目前，中国在芯片等关键技术上与国际最前沿的技术还有差距。面对国外的打压，不能留有幻想，只有靠自身实力才能赢得国际社会的尊重、通过逆风的考验。

"新的时代充满挑战，也充满机遇。对青年科技工作者来说，现在参与其中正当其时。"邬贺铨说。

在中国工程院建院30周年之际，习近平总书记发来贺信。对此，邬贺铨表示，中国工程院是中国工程科学技术界的最高荣誉性、咨询性学术机构，做好咨询工作需要以战略思维和全球视野提出决策建议，才能经得起国际形势演变和技术发展的历史考验。

"工程院智库工作现已形成以院士为核心的工程科技专家共同研究的机制，今后还要提高社会科学专家的参与度，更深入地联系企业，加强与国家其他高端智库合作，坚持守正创新，加强前瞻性、针对性、储备性战略研究，在建设国家新型高端智库中实现无愧于时代的更大作为。"邬贺铨说。

《中国科学报》（2024-07-02 第1版 要闻）

戚发轫

(1933.04—)

空间技术专家，主要从事航天器总体设计研究。1933年4月出生于辽宁省复县（现辽宁省瓦房店市）。1957年毕业于北京航空学院。作为总设计师在解决卫星和飞船研制过程中的重大工程技术问题上发挥了指导和决策作用，作出了系统的、创造性的成就和贡献。2001年当选中国工程院院士。

戚发轫：这辈子干了三件事

沈春蕾

第一枚导弹、第一颗人造卫星、第一艘无人试验飞船……

这些可以载入我国航天事业发展史册的"第一"背后，站着同一个人——中国工程院院士戚发轫。他还是"东方红一号"卫星主要技术负责人之一、神舟飞船首任总设计师。

"我这一辈子参与过很多航天项目，但要说大事总共干了三件，那就是送'东方红一号'卫星、'东方红二号'卫星和'神舟五号'飞船上天。"近日，在位于北京中关村南大街31号的中国空间技术研究院，《中国科学报》记者见到了这位满头银发、精神矍铄的老人，听他讲述与航天打交道的一生。

"技术要吃透，地面试验要做充分"

国家不强大，就要受欺负。1933年，戚发轫出生于辽宁省复县，那段当了亡国奴的经历，令他刻骨铭心。

中华人民共和国成立后，还在上高中的戚发轫又知道了朝鲜战场上中国志愿军被美军飞机扫射轰炸后的事件。也是从那时起，戚发轫下定决心："一定要学航空、造飞机，保家卫国。"

1957年，戚发轫从北京航空学院飞机系毕业后，被分配到国防

△ "航天领域的每一项成就,都凝聚着集体的劳动和集体的智慧"

部第五研究院(以下简称老五院)工作。

"当年,我们这些人既没有见过导弹,也没有见过火箭。但有一个人不仅见过,还研究过,他就是老五院第一任院长钱学森。"戚发轫回忆道,"钱学森是我们的引路人,他拿着自编的《导弹概论》给我们讲课。"

戚发轫等年轻人一边恶补理论知识,一边期待着去苏联看看真导弹。当时,苏联允许中国参加导弹研究的年轻人到莫斯科茹科夫斯基航空军事工程学院学习。但随着1958年两国关系的恶化,苏联找借口不接收现役中国军人。戚发轫等人便脱下军装,准备通过高等教育部去莫斯科学习。

"别人都可以去,只有戚发轫不能去。"接到苏联通知的戚发轫备受打击。他对记者说:"穿军装不让去,脱下军装也不让去,就因为我是学总体的，怕获取核心技术"。

不久之后，苏联专家全部撤出中国，并带走了相关资料。当时，我国首枚导弹"东风一号"已在仿制中。

"既然靠别人不行，就只能靠自己。"戚发轫对《中国科学报》记者说，"自力更生"的航天精神就是从那时候萌生的。

没了苏联专家的帮助，"东风二号"的研制只能靠中国科研人员自己摸索。1962年，由中国人自主研制的第一枚导弹"东风二号"在发射一分钟后坠毁，宣告失败。

当时，戚发轫是一名基层工程组长。亲历发射失败的他，跟很多年轻人一样，都沉浸在无尽的自责中。现场领导的一句话很快把他们唤醒："失败是成功之母，总结经验再干。"

"发射失败让我们总结出两条经验——技术要吃透，地面试验要做充分。"戚发轫后来担任总设计师时仍铭记着这两条经验。

1964年，由中国人自主研制的第一枚导弹"东风二号"的发射迎来了期待已久的成功。同年10月，中国第一颗原子弹爆炸成功。

戚发轫接着又参加了"两弹结合""东风四号""长征一号"等航天任务。他负责结构和总体设计工作，保证了发射任务的顺利完成。

太空传回《东方红》乐曲

"我们也要搞人造卫星。"这是毛泽东主席在1958年提出的号召。"两弹"的发射成功打通了卫星"上天"的路。1965年，一切准备就绪后，我国的人造卫星"东方红一号"研制计划被提上日程。

"东方红一号"在研制工作中面临诸多困难，但因为经历过"东风二号"的发射失败，戚发轫组织大家将能想到的试验都坚持做了。

1970年4月，"东方红一号"发射准备工作就绪。因为要在太空奏响《东方红》乐曲，周恩来总理非常关心。发射前，周总理紧急召见研制团队，并点名问戚发轫："卫星可不可靠呀？""上天以后，

《东方红》会不会变调?"

戚发轫有点为难地回答:"凡是能想到的、地面能做试验的,我们都做了,都没有问题,就是没上过天。"

"那这样吧,你们回去写个报告,交中央政治局讨论决定转场时间。"听到总理的话,戚发轫紧张得说了大实话:"总理,不行啊。卫星与运载火箭已经对接,水平放在运输车上等着转运到发射阵地。我们只做了4天4夜横放试验,再久了就无法保证电解液不漏。"

周总理略带责备地问:"为什么不多做几天试验呢?"戚发轫马上回答:"我们搞总体的没有向负责电池的人提出这样的要求。"

接着周总理说了一段让戚发轫铭记一生的话:"你们搞总体的人,应该像货郎担子和赤脚医生那样,要走出大楼到各研制单位去,把你的要求老老实实告诉人家,让人家知道应该怎样做工作。"

戚发轫对记者说:"虽然我当时很委屈,但总理的话让我很服气。"从那以后,在参与航天工程项目的时候,戚发轫都会下到基层一线,把总体要求跟对方说得清清楚楚。

1970年4月24日21时35分,"长征一号"运载火箭搭载着"东方红一号"卫星冲入云霄,庆祝声此起彼伏,只有戚发轫还安静地坐着。

90分钟后卫星绕地一周,新疆喀什站报告:"收到太空传来的《东方红》乐曲。"这时候,戚发轫才站起来大声喊道:"我们成功了!"

完全靠自己的力量研制通信卫星

"东方红一号"上天了,戚发轫和卫星的缘分并没有就此结束。

1972年,美国总统尼克松访华,他在机场紧紧握住周恩来总理的手。这次握手被称为是"跨越太平洋的握手"。该画面的视频被传输到世界各地,这背后就有通信卫星的功劳。

当时，全球通信卫星的发展只有10多年历史，仅有几个发达国家拥有通信卫星，我国在通信卫星领域尚属一片空白。尼克松访华的视频画面是租借美国的通信卫星设备，在北京和上海各建立一座临时卫星通信地面站，从而实现新闻传播的。

1974年5月19日，一封详细阐述中国发展通信卫星重要意义的信递到了周恩来总理的面前。他迅速作出批示：请国家计委、国防科委尽快将卫星通信的制造、协作和使用方针定下来，然后按计划分工做出规划，督促执行。1975年3月31日，中国发展通信卫星工程终于落地。

不久后，"东方红二号"试验通信卫星开始研制，戚发轫先后担任该卫星副总设计师和总设计师。这一次，戚发轫等人完全靠自己的力量将"东方红二号"送上天。

1984年4月8日，"东方红二号"发射成功，使中国成为世界上

△ "东方红二号"卫星发射成功归来，戚发轫（右一）与孙家栋、闵桂荣合影

第五个独立研制和发射地球静止轨道卫星的国家，也使中国的电视覆盖率从30%一下子提高到80%，解决了边远地区的通信问题。

戚发轫告诉《中国科学报》记者："当年，我们先后研制了'东方红二号'试验通信卫星和'东方红二号甲'实用通信卫星，前后共发射7颗卫星，尽管有两颗发射失败了，但还是很了不起的，卫星上所有的仪器设备都是自主研制的国产产品。"

载人航天，人命关天

时间转眼来到了1992年，59岁的戚发轫马上就可以过上退休生活。这一年的9月21日，我国正式批复实施载人航天工程，并确定了"三步走"的发展战略。

戚发轫介绍，第一步是载人飞船阶段，第二步是空间实验室阶段，第三步是建立自己的空间站。戚发轫被任命为神舟飞船总设计师。

"载人航天，人命关天。"相比之前一贯的坚决与果敢，这一次戚发轫有点犹豫了。用他的话说，"我也没想到会成为神舟飞船总设计师，我快退休了，子女都劝我不要再干了"。

戚发轫去过苏联的拜科努尔航天发射场，亲眼看到并听到载人飞船发射前，总设计师要跟航天员讲："你放心上去吧，一定能回来！"然后，总设计师签字确认。

"美国和苏联都有航天员牺牲的先例。当时中央明确允许失败，但不允许死人。"戚发轫回忆道，"对我们搞载人航天的人来说这个责任很大，所以我们的载人航天是人命关天。"

"既然国家有需要，我就没有理由在这个时候离去。"戚发轫毅然决定接下神舟飞船的任务，但他也有一个担心，"我凭什么跟航天员说'你放心上去吧，一定能回来'。"

按照老规矩，戚发轫决定将天上可能遇到的各种情况在地面先做试验。

△ 戚发轫（左）与杨利伟合影

时间紧、任务重，戚发轫迅速组织了一支强有力的科研队伍。与此同时，他从地面试验需求出发，开始筹建北京航天城。

征地、盖房子、研制设备、调试设备……这些在戚发轫眼中都很重要，甚至不亚于飞船的研制建设。他始终坚信，只有地面试验做充分了，才能保证上天万无一失。

按照中国载人航天计划"争八保九"的时间表，"神舟一号"飞船要争取在1998年发射，保证能在1999年进入太空。

"实现这个目标太困难。"戚发轫还记得，"1994年北京航天城奠基，1998年11月我们正在做初样地面试验，当时距离正样发射只有不到一年时间，几乎是不可能完成的。"

"'军令状'我们已经立了，完不成也得想办法完成。"戚发轫等人联想到，我国在1975年发射成功第一颗返回式卫星，之后一共成功发射了20多颗返回式卫星。这些卫星回收之后，虽然外面整体都被烧坏了，但里面的仪器设备还可以正常使用。

"我们想能不能把地面做试验的初样产品改装成要发射的试验飞船——'神舟一号'，以保证任务的完成。"他笑着向记者解释道，"这个办法有点类似现在马斯克的火箭再回收利用。"

尽管戚发轫的这个方案是有实践根据的，但也面临着很大的风险。方案经上报后获领导批准。

1999年11月20日，"神舟一号"飞船在酒泉卫星发射中心发射升空。一天后，"神舟一号"飞船返回舱成功着陆内蒙古四子王旗预定区域，飞船着陆处离预定地点只有10千米。

这一次，戚发轫带领团队给中国的载人航天事业开了一个好头。

△ 戚发轫接受记者采访

经历4次无人飞船的成功发射，2003年10月15日，"神舟五号"载人飞船发射前夕，戚发轫等人在发射任务书上签字，成功将中国第一位宇航员杨利伟送上太空。随后，戚发轫正式开启了新的工作和生活。

他回到母校北京航空航天大学执教，培养了20多名博士生，筹建了中国第一个空间羽流实验室。如今，年过90的戚发轫还经常奔波于全国各地，向大众传播航天精神和科普知识。

"伟大的事业孕育伟大的精神，伟大精神又推动伟大事业的发展。"接受记者采访的最后，戚发轫深情地说，"希望航天精神不断护航并驱动更多年轻人探索未知的浩瀚太空。"

《中国科学报》（2024-05-28 第1版 要闻）

大国工程 使命担当

张伯礼

(1948.02—)

中医内科专家，主要从事心脑血管疾病防治和中医药现代化研究。1948年2月出生于天津市。1982年毕业于天津中医学院，获硕士学位。用现代科学技术继承和发展中医药事业，在继承发展祖国传统中医药事业上作出了突出成绩。2005年当选中国工程院院士。

张伯礼："天津老张"的肝胆相照

张　楠

"你好我无恙，春花迎凯旋。"中国工程院院士、天津中医药大学荣誉校长张伯礼曾在武汉写下这一充满美好期待的诗句。多年来，他用深爱的中医药事业守护人民"无恙"。

张伯礼长期从事心脑血管疾病和中医药现代化研究，始终践行对人民的承诺。"非典"暴发时，他组建中医医疗队，应用中西医结合的方式救治患者。17年后在新冠疫情中，他临危受命，提出抗疫的"中国方案"，被授予"人民英雄"国家荣誉称号。

"继承发展祖国传统医药，为人民群众的健康服务"，是张伯礼常对身边人讲的一句话。

"无胆英雄"

很多人熟悉张伯礼的名字，可能是从他奔赴武汉抗击新冠疫情开始的。

2020年1月27日，大年初三，张伯礼被疫情防控工作中央指导组急召驰援武汉。对此，他没有丝毫犹豫："疫情不重，不会让我来，这份信任是无价的。"

彼时，肆虐的病毒尚存许多未知，但张伯礼抱定了对中医药的

△ "贤以弘德，术以辅仁"

信心。在赴汉飞机上，他填词道：晓飞江城疾，疫茫伴心惕。隔离防胜治，中西互补施。

刚抵达武汉，张伯礼就马不停蹄开始白天指导会诊、调制处方、巡查医院，晚上开会研究治疗方案，其间多次进入"红区"。

张伯礼第一时间向中央指导组提议，将确诊、疑似、发热、留观的4类人群进行集中隔离、分层分类管理，随后又提出"中药漫灌"治疗方法，拟定"宣肺败毒方"等方药，让4类人群使用中医药。这些建议均被采纳。

2月14日，以中医药为特色的江夏方舱医院开始收治病人。作为方舱医院总顾问，张伯礼每天都穿着写有"天津老张"的厚重防护服走进隔离病区，里面的衣服很快就湿透了，他仍坚持问诊、拟方、巡查……终于把自己累倒了。

2月16日，由于不分昼夜地高负荷工作，张伯礼胆囊炎复发。

为了坚持不下火线,他希望保守治疗,直到中央指导组领导要求"不能再拖,必须手术"。没想到胆囊摘除手术后的第一天,他就开始处理文件。

术后第二天,张伯礼仍然非常虚弱,动一下就全身冒汗,但坚持参加了中国工程院召开的视频会议。为避免病情影响士气,他把上衣套在病号服外面、拉高衣领,坐在病房角落,连续开了4小时的会。

术后第三天,张伯礼再次投入一线战斗。大家都十分关心他的身体状况,为了缓解这种紧张,他打趣说:"老话说肝胆相照,我真把胆留在这儿了。"

3月19日,"无胆英雄"张伯礼迎来72岁生日。这一天,武汉新增确诊病例、新增疑似病例、现有疑似病例第一次全部归零。而江

△ 张伯礼考察中医药药材

夏方舱医院中医药团队也交出了零转重症、零复阳、医护人员零感染"三个零"的亮眼成绩。

"这是最好的生日礼物。"张伯礼说。

守正创新

从武汉回到天津后，张伯礼仍然忙碌在疫情常态化防控第一线。

"国有危难时，医生即战士。宁负自己，不负人民！"这是张伯礼在武汉抗击新冠疫情的写照，也是他曾在抗击非典时就立下的誓言，更是他用一生践行的承诺。

2003年，在与非典疫情的对决中，张伯礼开辟了全国唯一的中医病区，用中西医结合的方法救治患者。那场"战役"中，中医药在控制病情恶化、改善症状、稳定血氧饱和度、激素停减等方面的重要作用都发挥了出来。

"我们要将中医药原创思维转化为创新成果，推动中医药走以科技为引领的创新发展道路，在提升中药产业创新能力与国际竞争力方面发挥关键作用。"张伯礼的一个信念就是推动中医药的传承与创新。

对于抗击新冠疫情，他认为，"中西医结合、中西药并用，是我国疫情防控一大特点，也是中医药传承精华、守正创新的生动实践"。

自20世纪80年代开始，张伯礼就开展了中医药现代化研究工作：开展中医舌诊客观化研究，开拓了舌象色度学和舌底诊研究方向；开展血管性痴呆系统研究，制订了分型标准和诊治方案；创立了脑脊液药理学方法，揭示中药对神经细胞保护作用机制；等等。

在抗击新冠疫情期间，张伯礼团队取得了一系列创新成果：首次完成多中心大样本新冠中医证候流行病学调查研究；首次总结了中医药对新冠临床疗效的特点和规律；建立了应对突发疫情中医药介入模式；研制的宣肺败毒颗粒入选国家推荐的"三药三方"，在全国推广应用……

作为全国人大代表，张伯礼积极建言献策，在中医立法、医疗改革、大中药健康产业培育、中药知识产权保护名录遴选和发布、中药资源纳入国家战略管理与建设等方面，提出议案、建议30余项。

在现代科学技术的助力下，中医药获得国内外越来越多的认可。

▽ 2024年3月6日，张伯礼出席全国两会

薪火相传

在2020年9月举行的全国抗击新冠肺炎疫情表彰大会上,张伯礼被授予"人民英雄"国家荣誉称号。

会后张伯礼接受采访时,人们才知道,他身上的深蓝色短袖衬衣曾因洗得太白,自己还动手补染过。不仅张伯礼穿的是十几年前的衣服、皮鞋,他的子女也很少买新衣服,干净、整洁就好。

勤俭、朴实的张伯礼对待中医药事业和学生却十分慷慨。他把吴阶平医学奖、世界中医贡献奖等个人获得的全部奖金都用于助学,设立了"勇搏"助学金,目前已捐资400余万元。

在张伯礼看来,一流的医生坐下来会看病、站起来能演讲、闭上眼会思考、进了实验室能科研。这正是他人生的写照——在从事中医临床、教育和科研工作的40余年中,张伯礼深受患者欢迎;教

△ 张伯礼作学术报告

学育人硕果累累，培养出的学生遍布全国乃至海外。

张伯礼经常提起一位"洋中医"的故事。这位已经从西医专业毕业的德国学生，因为喜爱中国文化，到天津找张伯礼拜师学医。他回国后开设中医诊所，收治了不少病人，在当地已小有名气。

"这位'洋中医'还频繁到欧洲一些大学讲课，效果非常好。"张伯礼非常乐于看到中医走出国门。他曾采用线上方式，连续在几十场国际会议上介绍我国中医药诊疗方案、有效方药和临床经验。

张伯礼一直觉得"人民英雄"这个荣誉太重了，自己只是做了一个普通"老张"该做的普通事。

《中国科学报》（2024-05-17 第1版 要闻）

李立浧

(1941.07—)

电网工程技术专家,主要从事电网技术研究和电网工程建设。1941年7月出生于江苏省建湖县。1967年毕业于清华大学。长期从事电网建设,在电网工程、直流输电和交直流并联电网运行技术领域作出了突出成绩和贡献。2007年当选中国工程院院士。

李立涅：服务国家需要 勇登电力高峰

朱汉斌

"我的心中始终有一个信念，那就是祖国需要是我的工作目标，国家强大是我的毕生追求。""不能因为国外没有，我们就不能搞、不敢搞，真正的核心技术只有靠自己。"这是中国工程院院士、中国南方电网公司专家委员会名誉主任委员李立涅经常说的话。

他是新中国自己培养、在中国电力事业发展中成长的一名电力科技工作者。作为我国著名的能源电力专家、直流输电专家，他建立了一座又一座电力技术和电网工程建设史上的里程碑，为我国电力事业跻身世界先进行列作出了杰出贡献。

从"送电工"做起

1941年，李立涅出生于江苏省建湖县；1961年，他在家乡读完小学和中学，以优异成绩考入清华大学电机工程系，就读高电压技术专业；大学毕业后，他奔赴大西北，开启电力建设、电力技术研究生涯。

1968年9月，李立涅怀着"到祖国最需要的地方去"的壮志豪情，远赴甘肃兰州，投身西北电力建设。在西行的列车上，他不仅看到西部大漠戈壁的广大宽阔，更看到了我国广袤的西北地区能源电力的发展需要。

在报到单位甘肃送变电工程公司，李立涅被分配做送电工。从学习挖坑、爬电线杆开始，他努力了解电力线路的施工工艺，认真汲取老工人的丰富经验，同时发挥自己在知识方面的优势。比如，以往立电线杆全凭经验，费时又费力；他利用自己所学知识提出改进措施，解决了立杆时受力不均的问题，受到工人师傅的欢迎。

"当时生活条件艰苦，我们长期在野外施工、勘查输电线路，需要在农民家住。那时农村没有电，我就在煤油灯下看书。离开甘肃

▽ "勤思多学，凡事认真，眼观四海，面向未来"

△ 李立涅（中）与团队一起讨论问题

时，我的近视度数将近2000度。但当时我并没有觉得生活有多么艰苦，反而坚定了投身电力事业的信心。"回忆往事，李立涅的眼中闪烁着光芒。

因为表现出色，当了3个月工人后，李立涅就从一线工人岗位被调至技术员岗位。之后，他逐步成长为甘肃送变电工程公司施工科、计划科科长，成为总工程师、副总经理。他认为，把分内的事做好，进而做到极致，就能成为专家。

"甘肃是我从事电力领域工作的起点，我在那里工作了16年。"李立涅告诉《中国科学报》记者，在大西北的艰苦条件下，他坚持了下来，并将挑战视为对自己精神、技术和体魄的磨炼。直到现在，他仍觉得那段经历让他受益匪浅。

在李立涅那辈人的不断努力和创新下，1972年6月16日，我

△ 李立涅（左一）在张力机旁和工人共同调试设备

△ 李立涅在±500千伏葛上直流输电工程中指挥工程调试

国首个330千伏输变电工程——"刘（家峡）天（水）关（中）"输电工程正式竣工投运。这个被称为"西电东送"开山之作的电网工程，拉开了中国电网超高压、远距离、大容量传输电能的历史帷幕。

勇闯"无人区"

2024年1月，"国家工程师奖"表彰大会在北京举行。由李立涅作为团队负责人的"特高压柔性直流输电技术研发团队"荣获"国家卓越工程师团队"称号。

过去20年，该团队承担了多个直流输电领域国家重大科研项目和重大工程，他们用自主研发的特高压直流输电技术，编织出"西电东送"的庞大电网，让条条电力动脉在中国畅通无阻。

我国80%以上的能源资源分布在西部、北部，70%以上的电力消费集中在东部、中部，因此，国家决定实施我国能源电力发展的重要战略——"西电东送"。在此背景下，李立涅首次提出发展特高压±800千伏直流技术，构建特高压直流输电技术体系。

"当时国内外一片质疑声，认为中国要挑战世界级难题，简直是天方夜谭。"±800千伏特高压项目启动前，我国最高电压等级为±500千伏，许多技术要从国外引进，一些关键技术掌握在别人手中。但李立涅认为，不能因为技术难度大、此前没有相关经验就放弃。

为此，李立涅带领国内数十名专家，在没有设备、没有工程经验和技术标准可循，甚至没有相应试验条件的诸多挑战下，联合160多家单位的科研人员，研制了13大类73种主要电气设备，获得关键技术141项，创造了37项世界第一。

"我们把±800千伏分成两部分——两个±400千伏串联叠加，这样就使整个制造难度下降了。"他说，这是从电池串联中获得的灵感。最终，±800千伏换流阀第一次试验便取得了成功，换流阀的电压等级从±500千伏提高到了±800千伏。

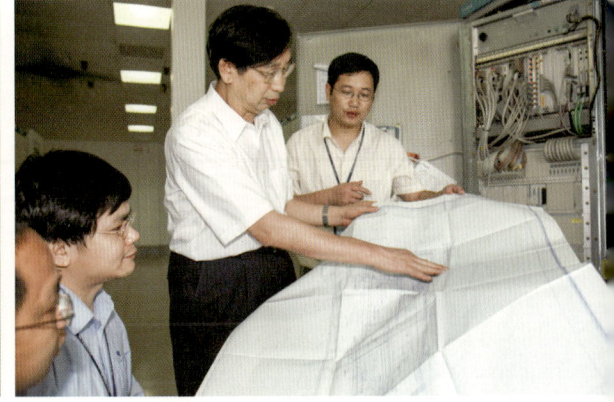

△ 李立涅在指导工作

△ 李立浧在广州供电局创新大会作报告

"在国际上，特高压直流输电技术是空白领域，但我们必须闯这个'无人区'。"李立浧介绍，2010年，世界首个特高压直流输电工程——±800千伏云南—广东特高压直流输电工程建成投产，标志着我国进入特高压直流输电时代。

2018年1月，以李立浧为第一完成人的"特高压±800千伏直流输电工程"项目被授予2017年度国家科学技术进步奖特等奖。

为国铸重器

在半个多世纪的科研和实践中，李立浧主持和参与了我国许多特大型输电项目的技术研究、工程建设以及项目审查和验收——"西电东送"关键技术，我国第一条330千伏、第一条500千伏、第一条±500千伏直流输电工程，世界第一条±800千伏特高压直流输电工程，世界第一条±800千伏特高压柔性直流输电工程等，经历和见证了我国电力事业蓬勃发展的历程。

其中，世界上第一个多端柔性直流输电工程——南澳±160千伏多端柔性直流输电示范工程于2013年12月投运，标志着我国率先攻克了多端柔性直流输电技术这一世界难题，成为世界上首个完全掌握多端柔性直流输电成套设备设计、试验、调试和运行全系列核心技术的国家。

乌东德电站送电广东广西特高压多端柔性直流示范工程（以下简称昆柳龙直流工程）是我国《能源发展"十三五"规划》中的跨省区输电重点工程。在工程技术论证阶段，各方对总体技术方案有不同意见。李立浧主动站出来坚持采用特高压柔性直流技术方案，得到国家主管部门和核心专家的支持。

在工程建设过程中，他寝食难安、如履薄冰，狠抓技术细节。工程于2020年12月全面建成投产，建设中创造了19项世界第一。作为世界第七大水电站乌东德水电站的主要输出"大动脉"，昆柳龙直流工程从云南出发，跨越1452千米，把丰沛的水电分别送往广东

和广西的用电负荷中心,每年送电330亿度,相当于海南省一年的全社会用电量。"这是世界电力发展史上的一座里程碑。"李立涅自豪地说。

李立涅在世界上首次提出研究和发展±800千伏特高压直流输电技术,首创中国高压直流输电成套设计自主化技术,攻克交直流并联大电网运行难题,倡导柔性直流输电新技术。因为在直流输电技术方面的成就和贡献,他在中国电力工程界被誉为"直流输电第一人"。

他还首创"透明电网"颠覆性发展理念并开展实质性研发,研发的世界首套小微智能传感器已成功应用。"'透明电网'是把数字化、信息化、智能化融入电力系统中,使信息化和物理电网融合到一起,实现电力系统的全面'可见、可知、可控',即'透明化'。"李立涅解释说。

此外,李立涅提出的"计算高电压工程学",已成为热门的研究方向;提出的电力人工智能系统,已在国家实验室立项开展研究。

创新无止境

"我的电力生涯,就是围绕国家需要,开展研究、开展工作。"从事电力事业50多年来,李立涅不仅带领团队开展科技创新工作,而且积极培养能源电力人才。

1998年,李立涅任华南理工大学教授,2008年被聘为电力学院名誉院长。他把自己的工作经验、工程知识和理论相结合,为我国电力事业培养接班人。

2020年,李立涅捐赠出广东省科学技术突出贡献奖奖金,并联合南方电网共同捐资在华南理工大学成立"李立涅院士南方电网教育基金"。

"成立教育基金是我长久以来的心愿,目的是助学奖学。"李立涅表示,助学方面,对于在求学过程中遇到困难的高校学子,希望教育基金能为他们的求学路"加把力";奖学方面,希望通过教育基金支持高校学子成长成才,鼓励优秀青年发挥才能、追逐梦想。

"创新是无止境的,只要想着为国家未来的发展服务,把国家的强大作为理想,就一定能做到科技自立自强。"谈及今天的成就,他直言,"主要是坚持的力量"——工作几十年没有离开过电力行业,直到现在也没有停止过对于创新的思考和追求。

"国家的需要是我的毕生追求。"回顾李立涅的电力人生,这句话一直贯穿始终,彰显了科学家精神和创新报国的担当。

《中国科学报》(2024-05-21 第1版 要闻)

传承　大国工程　使命担当

栾恩杰

(1940.10—)

导弹控制技术和航天工程管理专家，主要从事导弹控制技术和航天工程管理技术研究。1940年10月出生于吉林省白城市。1968年毕业于清华大学，获硕士学位。中国深空探测工程的主要开创者之一，还是中国首次月球探测工程（绕月探测工程）总指挥，是工程的主要倡导者、组织者和领导者。2009年当选中国工程院院士。

栾恩杰：守望探月工程 逐梦星辰大海

甘 晓

探月工程首任总指挥、国家航天局原局长、载人航天工程副总指挥、导弹控制技术和航天工程管理专家……中国工程院院士栾恩杰的很多头衔，都和航天事业分不开。

"嫦娥六号"落月前夕，栾恩杰在接受《中国科学报》采访时表示："希望青年科技工作者再接再厉，在后续常态化探索活动中，围绕更多真正有意义的科学问题开展探测，不断取得成果！"

航天之外，栾恩杰曾出版《村子诗集》。他用激昂豪迈的笔触，描绘了心中辽阔无垠的星辰大海之梦。

栾恩杰在这本诗集的后记中写道："我于诗词并不精通，只是一个爱好。一首好词，其韵合词，读起来有似铁珠落地，铿锵之响，给人有清脆、振奋之感；有似涓涓细雨，潺潺之声，让人心醉。"

"虚度花甲无滋味"

"地球耕耘六万载，嫦娥思乡五千年。残壁遗训催思奋，虚度花甲无滋味。"距离创作《为探月工程批复而作》已经过去20年，栾

△ "以志立身,以技立业,以诚立风"

恩杰仍能激情澎湃地高声朗诵出来。

2004年1月,探月工程获批正式启动的那一天,他写下了这首诗,记录心中的兴奋与感慨。这一年,已经64岁的栾恩杰又多了一个头衔——探月工程总指挥,当时他担任国家航天局局长。

年到花甲,还能干啥?"60岁那年,我认真地考虑过退休后的生活。"栾恩杰告诉《中国科学报》记者。

组织决定就是他的志愿。他说:"1949年新中国成立时,我9岁,有机会上了小学,后来28岁大学毕业。"

"党对我的恩德太厚太大,我给党办的事太少太薄!"他直白而热烈地用"虚度花甲无滋味"这句话表达了内心的强烈使命感。

作为探月工程的主要倡导者、组织者和领导者,栾恩杰提出我国月球探测"探、登、驻(住)"三大步走和"绕、落、回"三小步走的工程实施技术发展路线,并将其命名为"嫦娥工程"。

其中,"绕"是探月工程一期,主要任务包括研制和发射月球探测卫星，突破绕月探测关键技术等；"落"是探月工程二期，主要任务包括突破月球软着陆、月面巡视勘察、深空测控通信与遥操作等关键技术；"回"是探月工程三期，主要任务包括突破采样返回探测器小型采样返回舱、月表钻研机、月表采样器等研发技术，并采集关键性样品返回地球。

按照计划，由嫦娥一号、三号、五号等3个奇数序号的探测器来完成这3次任务。如果奇数序号的探测器成功完成任务，其后面那枚用作备份的偶数序号探测器就会被赋予另外的任务，收获一些额外的科学成果。

令他感到欣慰的是，如今，"绕、落、回"三小步任务已经圆满收官。"期待'嫦娥六号'以后的常态化探索能带给我们更多、更大的收获！"他表示。

△ 栾恩杰（右三）与孙家栋一起工作

△ 2024年5月，栾恩杰接受采访

"一万铁骑仰天酹"

《为探月工程批复而作》一诗以铿锵有力的"何曾惧却无后助,一万铁骑仰天酹"作为结尾,寓意深远。

2007年11月5日,对于中国航天事业和栾恩杰个人而言,都是一个具有历史意义的日子。这一天,"嫦娥一号"探测器成功实现了绕月飞行,标志着中国成为世界上少数几个能够独立开展月球探测活动的国家之一。

"嫦娥一号"发射后,当卫星进入月球引力区时,需要及时"刹车",确保它能够被月球引力"捕获"。该技术的一大难点是,如果"刹车"时机过早,卫星可能会游离到太空,过晚则会撞上月球。正是因为这一难点,在"嫦娥一号"任务之前,还没有一个国家第一次发射探月卫星就能获得成功。

成功实现"刹车",需要飞行器确保精确感知、测量和控制。对此,栾恩杰表示,这无疑是对整个工程团队的巨大考验。

为了确保项目万无一失。"嫦娥一号"发射前,栾恩杰带领团队进行了近30次各类大型试验,以做好充足的预案演练准备。最终,事先准备的84项故障模式预案一个也没用上。每一次的竭尽全力,成就了中国航天事业的壮丽之梦。

何曾惧却无后助!除了身后的那支队伍,栾恩杰还有更加强有力的"后助"。

当年,父亲病重期间,栾恩杰回家看望。"我告诉父亲,如果这次发射成功,就可以多陪他一天,如果任务有差错,就必须立刻动身返回工作岗位。"栾恩杰回忆。

第二天,当他来到病床前,已经不能起身的父亲兴奋地向他拍手示意,意思是他可以多待一天了。原来,广播里刚刚播报了发射任务圆满成功的消息。

"那一刻,我真实地体会到全国人民对航天的期许、支持,甚至偏爱。"栾恩杰表示。

对每一位航天人而言，走进发射场就像走进考场，每一次任务的结果就是他们交上的答卷。"我们拿的是国家的钱，干的是党托付给我们的任务，面对的是全国人民对我们的考核。无论如何，一定要争取成功！"他强调。

"待到四子王旗会"

"嫦娥一号"任务结束后，栾恩杰力主让所有的一线老同志撤离岗位，把工作交班给年轻人，到二线去做参谋。

"'嫦娥一号'的成功，意味着我们完成了'绕'的任务，探索出了一条符合中国实际的月球探测技术路线，也形成了一支专门的

▽ "长征五号"火箭首次发射任务圆满成功后，栾恩杰接受采访

深空探测人才队伍。"当时，栾恩杰这样动员大家，"人才的培养是我们持续进步、不断发展的基本保证。"

在他的大力推动下，一代又一代深空探测人才成长起来，为我国深空探测取得长足进步作出了重要贡献。

2013年底，作为探月二期的主任务，"嫦娥三号"完成地月转移、绕月飞行和动力下降后，在月球虹湾预选着陆区安全软着陆，巡视器成功驶离着陆器并互拍成像，完成中国航天器首次地外天体软着陆与巡视勘察，实现了"落"的目标。

2020年底，"嫦娥五号"发射后相继完成月球采样与封装、月面起飞入轨、月球轨道交会对接和样品转移，以及重返地球等多项任务，携带1731克月球"土壤"返回地球，"回"的目标如期达成。

2020年12月，内蒙古四子王旗寒风凛冽，气温低至零下30多摄氏度，"嫦娥五号"准备在这里着陆。已经80岁的栾恩杰提出要去着陆区，同事和家人都担心他身体受不了，纷纷劝他"别去了"。但他最终还是坐着火车一路奔波，深夜抵达着陆区。

"我是来接嫦娥回家的。"栾恩杰深情地说，"我等这天已经等了16年，这是我们航天人对祖国的承诺。"

梦想实现的这一天，栾恩杰吟诗道："待到四子王旗会，工程大计好收官！"

《中国科学报》(2024-06-05 第1版 要闻)

李 玉

(1944.01—)

　　菌物学专家,主要从事菌物科学与食用菌工程技术和产业化研究。1944年1月出生于山东省济南市。2000年毕业于日本筑波大学,获博士学位。致力于菌物科学与食用菌工程技术和产业化研究,将基础理论与应用技术相结合,以创新成果为依托,研究解决北方食用菌工程技术难题,促进了食用菌产业升级。2009年当选中国工程院院士。

李玉：以科技铸就食用菌致富梦

张晴丹

有一位非常"接地气"的科研工作者，与食用菌打了40多年交道，被农民亲切称为"蘑菇院士"。他就是我国食用菌领域唯一的中国工程院院士——吉林农业大学教授李玉。

菌物研究是刻在李玉骨子里的事业。他常年奔走在大山里、躬耕于田地间，身先士卒为上万贫困户蹚出一条新的致富路。他几十年如一日，全身心扑在食用菌研究领域，为推动中国食用菌产业和菌物学科的发展作出重要贡献。

耄耋之年，李玉仍然心系我国食用菌产业发展，奔赴全国各地，践行科技报国的初心，为推进乡村振兴提供科技支撑。

接过"接力棒"，全力加速

李玉与食用菌结下不解之缘是在1978年。国家恢复高考和研究生考试后，李玉考取了吉林农业大学硕士研究生，师从中国著名菌物学家周宗璜。

周宗璜将李玉领进了食用菌大门，并教他如何做相关研究，正是在老师的影响下，李玉开始关注黏菌研究。然而，彼时中国的菌物研究起步晚，远落后于国外。全世界发现了500多种黏菌，却没

△ "蕈菌产业是实现农业废弃物资源化,推进循环经济发展,支撑国家食物安全的主力军"

有一种是由中国人命名的。

在李玉毕业时,70多岁的周宗璜病危,临终时他嘱咐李玉:"中国这个类群的研究不能没有人,你一定要把这个工作做下去。"李玉暗下决心,绝不让老师失望。

接过"接力棒"的李玉,毕业后留校任教,把全部精力投入菌物科学与食用菌工程技术研究中,犹如上了发条的机器。为摸清菌物"家底",他带着学生跑遍全国各地调查菌物资源,对这些资源开展收集和保存等基础研究,建成了高水平的菌物标本馆和种质资源库,库藏6.1万份标本与菌株,为我国菌类基础研究提供了重要支撑。

值得一提的是,李玉是第一个为黏菌新种命名的中国人,也是我国第一个对黏菌属、科、目级进行系统分类的科研人员，填补了我国在黏菌研究领域的空白。他收集的黏菌有400多种，占世界已知种的2/3以上。他还带领团队制作出占全球98%以上的黏菌分子生物学标本。

李玉将40余年的知识积淀汇编整理，出版了《中国团毛菌目黏菌》《中国真菌志——香菇卷》《中国真菌志——黏菌卷》等书，为菌物资源研究、保育、收藏和利用作出了突出贡献。由他一手创办的

△ 李玉在做实验

期刊《菌物研究》也成了核心期刊。

在李玉与菌物研究人员数十年的拼搏下，中国菌物科学研究从落后逐渐向世界前沿靠拢，而且影响力越来越大。

重视学科发展，培养"接力者"

在李玉心中，一直深埋着一个科技报国之梦。

1978年，中国食用菌产量仅5.7万吨，而到2018年，产量已经达到4000万吨，40年间产量增长了700倍，这在全球是绝无仅有的。中国在食用菌产量上保持世界领先，占全世界80%左右，成为名副其实的食用菌大国。

"虽然产量世界第一，但我国并不是食用菌强国。我们在很多方面仍然落后于发达国家或者研究起步较早的国家。"李玉想尽快补齐短板。

在菌物科学研究方面，中国要想进入世界前列、由大变强，还需要更多"接力者"不断进行创新。于是，李玉创建了菌物学、菌类作物二级学科，设立了我国首个应用生物科学（菌物方向）本科专业。2019年，他又推动菌物科学与工程专业正式列入国家普通高等学校本科专业目录，成为我国首个菌物类本科专业。

经过多年积累，李玉已经构建起国内第一个从专科、本科至硕士、博士、博士后的较为完整的菌物人才培养体系。

李玉治学严谨，他希望所有学生都能深入基层，到实践中去，因为生产一线才最能检验真本事。他常对学生说："咱们一人一张犁杖、一颗种子、一堆粪、一块地，大家一起种，谁能种出高产，谁才是真能耐。"

30多年来，李玉带领的团队已成为全国最大的菌物研究科研团队，在食用菌领域培育出50多个品种，6个通过国审。他培养出上百名硕士和博士，其中不乏精英骨干，在食用菌产业发光发热。

李玉：以科技铸就食用菌致富梦

△ 李玉手持灵芝

领"菌"致富，把论文写在大地上

李玉是非常"接地气"的科学家，因为他最喜欢到农民身边帮大家找挣钱的路子。

在吉林省蛟河市黄松甸镇，因当地海拔较高，全年有效积温不够庄稼生长，而且无霜期很短，不到100天，所以种什么都不长。如何才能让大家过上好日子？当地政府、农业科技人员看在眼里、急在心上。

"菌类作物有'五不争'的特点，不与人争粮，不与粮争地，不与地争肥，不与农争时，更不与其他争资源，而且什么时间种都可以。"李玉说。

基于此，李玉给黄松甸镇开出了一个"药方"。"不要再强调低温冷害，我们要把冷和低温变成一种适合某些作物生长的'优势'，可以种木耳等优势资源。"

一开始，大家都不相信山间林木上独有的木耳能够"搬"到大田里。李玉要来一块地做起了示范，引入自己研究的品种和技术，让农民心服口服。在他的带领下，当地越来越多的农民加入种木耳的大部队，30年摸爬滚打下来，黄松甸镇已从原来的不毛之地变成全国闻名的黑木耳之乡。

△ 李玉（左一）指导学生实验

当地农民已经靠黑木耳完全脱贫致富。一些农民还走出本乡本土，到其他省份当起了农民技术员，例如贵州就有20多名来自黄松甸镇的技术员，帮当地农民种黑木耳。

这么好的致富路子，应当分享至全国。于是，李玉提出了"南菇北移""北耳南扩"的发展策略。在国家级贫困县中，有400多个将食用菌作为脱贫攻坚的重要选择，陕西省柞水县便是其中一个成功典范。

2017年，李玉带着自主选育的5个黑木耳品种到柞水县开展科技扶贫行动。他亲自给当地农技人员和农民授课，手把手传授栽培技术，和当地农民一起推进食用菌产业化。柞水县仅用两年时间便脱贫摘帽。

自2012年我国全面打响脱贫攻坚战开始，李玉团队深入全国40多个贫困地区，建立了31个食用菌技术推广基地，扶持食用菌龙头企业22家，帮扶800多个村，让上万贫困户靠种植食用菌实现脱贫。2021年，李玉获得"全国脱贫攻坚楷模"荣誉称号。

李玉的科技报国之梦并未就此画上句号，"要把中国食用菌产业做大做强，不能躺在原有的功劳簿上，应该继续创新，不断推出新的成果，为科学研究作出新的贡献"。

《中国科学报》（2024-05-06 第1版 要闻）

传承 大国工程 使命担当

何华武

(1955.08—)

　　铁道工程专家,主要从事铁路工程、运输技术工作和铁路科技研究与应用,是中国高铁技术主创人和主要实施推广人之一。1955年8月出生于四川省资阳市。1982年毕业于铁道部科学研究院研究生院,获硕士学位。2009年当选中国工程院院士。

何华武：奔向"风驰电掣"的高铁梦

韩扬眉

收到《中国科学报》的采访函后，中国工程院院士何华武亲手写下近万字的中国高铁建设回忆文章。朴素的文字背后，是一位铁路"战士"追梦中国高铁的深情与努力。

何华武是中国高铁技术的主创人和主要实施推广人之一，中国铁路第六次大面积提速、首条运营时速350千米的京津高速（城际）铁路工程、世界先进水平的京沪高速铁路工程等都由他担纲技术领衔。何华武建立了中国高铁技术标准体系，使之达到国际先进水平；他推动了中国高铁技术及装备"走出去"，牵头竞标中国高铁全系统走出国门的"第一单"——雅万高速铁路。

从时速160千米到时速250千米的技术跨越，到时速350千米的稳定运行，再到今天正在研发的时速600千米的高速磁浮；从引进消化吸收再创新的"和谐号"，到完全独立自主的"复兴号"，何华武与中国高铁团队不断刷新着陆路交通的速度极限和技术极限。

△ "穿越梦幻构建现代铁路不易，追求领跑世界铁路未来更难，探索创新实践检验追逐更好"

"首跑"就是世界第一

我国第一条运营时速350千米的高速铁路——京津高速（城际）铁路（以下简称京津高铁）开通运营将满16年。在去年15岁"生日"时，它已累计运送旅客3.4亿人次。

2004年国务院批准了《中长期铁路网规划》，我国高铁发展才有了明确的规划图。设计建设的第一条高速铁路是京津高铁，目标时速是350千米。当时，世界上运营最快的高速铁路时速是由欧洲人创造的320千米，而国内铁路持续运行的最高时速仅为160千米。也就是说，从设计到建设和运营，中国高铁还是一片空白。

2004年，何华武正式出任原铁道部总工程师、技术委员会主任，开始主持京津高铁的成套技术工作。何华武表示，这一阶段，中国高铁主要是消化吸收先进技术和运维经验，同时自主创新，实现全产业链国产化。

今天，人们常常惊叹于运行的高铁上，满杯的水竟能一滴不洒、一枚立着的硬币长时间不倒。这正源于从京津高铁开始，我国自主创新的无砟轨道技术。

当年，"有砟"还是"无砟"是一个有争议的关键技术难题。有砟轨道是常见的铺在散粒碎石上的轨道，这是车速加快后乘客感觉很"晃"的原因之一。而无砟轨道相当于铺在水泥地上的铁路，即使在今天，这也是世界最先进的轨道技术之一。

京津沿线以软土、松软土地基为主，这类土含水量高、压缩性大、强度低。此外，沿线地下水开采使得区域地面沉降。采用无砟轨道技术有明显的优势，只是当时中国没有掌握成熟的全套技术，但何华武坚定认为，我们能实现。

他的底气来自中国铁路第六次大面积提速的实践，以及300千米时速无砟轨道试验段积累的技术及建设经验。通过深入研究、多次试验，线路采用桥梁替代传统路基的技术方案，综合实施强夯地基、可调轨道、控制地下水开采等有效措施，最终实现了无砟轨道贯通，保障了高铁高平顺、高稳定性运行。

经过三轮运行试验，京津高铁创造了时速394.3千米的试验纪录。这是世界运营铁路的最高速度。2008年，"和谐号"动车组列车从北京南站出发，驶向中国高铁的新时代。

何华武多次乘坐京津高铁，他自豪地说："京津高铁为建设世界一流高速铁路提供了技术积累和宝贵经验，还为中国高速铁路发展建设和运营培养出一批先行者，其示范意义推动了中国陆路交通运输方式的巨大变革。"

建设中国高铁　形成中国标准

从设计、建设到运营，京津高铁只用了短短5年便赶上国外高铁近30年的发展历程，这无疑给了中国高铁强大的信心和底气。而此时的何华武，已投身京沪高铁成套技术和装备的研究中。

1990年酝酿，2008年全面开工，2011年运营，到2023年累计运送旅客16.1亿人次。何华武说，京沪高铁是中国高铁的"圆梦之旅"。

京沪高铁连接京津冀和长三角两大经济区，跨越既有铁路、各级公路和通航河流210多处，其复杂性在国际上没有先例，许多难题没有现成答案。

在何华武看来，京沪高铁的成功意义重大。"通过所有参研、参建和参运者的努力，我们走出了一条创新发展之路，构筑起属于自己的完整、成套的高速铁路技术体系和技术标准，在人类轨道交通发展史上烙下清晰而深刻的中国印记。"

只有完全自主，才能拥有更多话语权。何华武回忆，"和谐号"动车组研制创新过程中，面临着国外核心技术垄断、关键产品供应链受控、国际市场受制约等问题，迫切需要研制具有完全自主知识产权的新一代高速列车"复兴号"。

自2012年以来，国家部署相关项目，成立产学研用国家级联合创新团队，奋力攻关、独立自主研发"复兴号"。

何华武介绍，"复兴号"高速列车创建全链条设计制造体系、突破高性能动力控制技术、创新环境友好绿色节能技术、提升广域条

△ 2019年5月22日，何华武（左一）在银川为中国工程科技发展战略宁夏研究院成立揭牌

▷ 2019年，何华武在世界交通运输大会开幕式致辞

件下系统安全技术、构建全生命周期集群保障体系，形成了性能优越、经济适用的高速列车"中国制造"体系。2018年，在京津高铁运行10周年之际，全部动车组更新为"复兴号"。

如今，"复兴号"3个字的背后，是国际领先的高速列车"中国技术""中国标准"，是长大高铁干线持续运营时速350千米世界第一的"中国速度"，也是中国从追赶到领跑迈出的关键一步。

走向海外　步履不停

中国高铁已成为中国一张亮丽的名片。何华武很早就意识到，中国高铁应该"走出去"。他主持竞标了中国高铁走出去的"第一单"——雅万高铁，这是印尼和东南亚的第一条高速铁路。

2015年3月，中国铁路总公司派何华武组建团队，到印尼雅加达和万隆实地调研、踏勘线路和场站，并编制《雅万高速铁路可行性研究报告》。团队刚抵达雅加达，便被告知雅万高铁是国际邀请投标项目，中方和日方投标竞争，印尼方组织国际评标择优选择。

何华武和团队事先并不知情，突如其来的"通知"让他们压力剧增。他当即找到中国驻印尼大使馆寻求支持，他们日夜奋战，收集雅加达、万隆及沿线的自然特征、发展规划等资料,深度调研现场、勘察可行的线路和场站,最终编制了突出中国标准、中国技术、中国装备等优势的投标文件。

8月中旬,雅万高铁中国方案报告提交。9月中旬,中方成功竞标。

"这是我们铁路人的骄傲,也是中国的骄傲。"何华武欣慰地说,

△ 2019年8月,何华武(前排右一)调研哈尔滨工业大学城市水资源与水环境国家重点实验室

△ 2020年1月8日,首都院士专家新春联谊活动在京举办,何华武在活动上致辞

中国高铁标准正逐渐纳入"国际铁路联盟"标准。随着共建"一带一路"倡议不断推进，中国高铁不断获得订单，加速"出海"。

何华武对速度和技术的追求永不止步。在他看来，高速磁浮是陆路交通实现更高速度的战略选项，作为轮轨高速铁路的补充，时速600千米的高速磁浮交通时代已经到来，应尽快开展工程试验，为我国领跑高速磁浮交通奠定扎实的技术基础。

前不久，何华武现场聆听了习近平总书记致中国工程院建院30周年的贺信宣读，深感振奋、备受鼓舞。他说："这鼓励我们广大铁路工程科技工作者继续勇攀高峰，围绕国家急需，不断取得铁路工程科技创新的新成就。"

如今，何华武还会不时地想起十二三岁与火车"初见"的时光。那是冬天，从四川资阳到成都，冒着冲天烟柱的蒸汽机车拉着绿皮车厢缓缓启动，他在火车上好奇地打量着周围的一切，狭小的窗户、憋闷的车厢，以及走廊上、座位旁甚至厕所里挤满的人……120千米的路程"晃荡"了3个多小时才到，他脑海里冒出了"中国何时能有又快又舒适的火车"的想法。

何华武把想法化作动力，后来考上西南交通大学、入职中国铁道科学研究院，一路做过内部专业设计、外部项目管理、总体设计，从轨道、场站、电气化改建等局部工作，到枢纽、线路、系统工程等整体工作，他一项项熟悉，最终成为高铁技术的主创人。

那个少年一路坚定前行，当初在心中播种下的"风驰电掣的火车梦"，已经实现。

《中国科学报》（2024-06-14 第1版 要闻）

传承 大国工程 使命担当

徐芑南

(1936.03—)

深潜器技术专家，主要从事各型无人与载人深海潜水器技术研究与装备研制工作。1936年3月出生于浙江省宁波市。1958年毕业于上海交通大学造船系，获工学学士学位。2013年当选中国工程院院士。

徐芑南：潜行者

张 楠

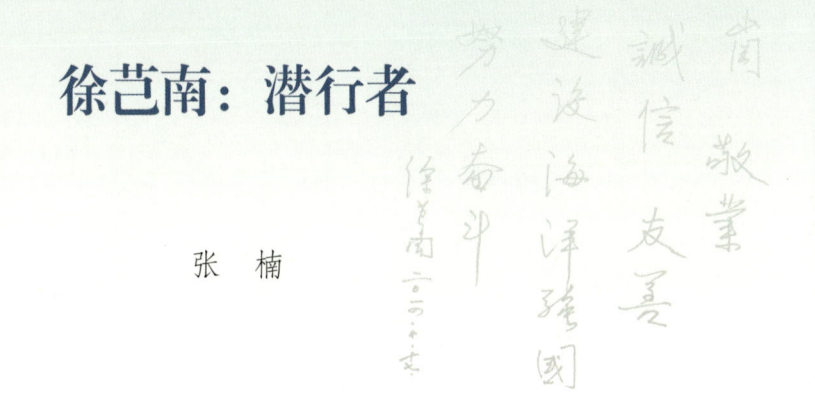

"我对大海是有感情的，我的一生都与大海紧密相连。"这是中国工程院院士、"蛟龙号"总设计师徐芑南最爱说的一句话。

作为我国深潜技术的开拓者、业内公认的载人深潜领路人，他为我国深潜技术和工程的发展，载人/无人多种潜水器设计、建造和应用作出了突出贡献。他用一生的执着，书写着新时代"老人与海"的故事。

等待一生的机会

"这里是'蛟龙'，这里是'蛟龙'。我们已经坐底7020米！"2012年6月24日，太平洋马里亚纳海沟海区，海试母船"向阳红09"船（以下简称"向九"）指挥室里一阵沸腾。

"蛟龙号"最终下潜深度达7062米。这是当时中国载人深潜新纪录，也是当时世界同类型载人潜水器的最大下潜深度。

中国独立自主研制的大深度载人潜水器能够在深海遨游，是徐芑南一生的梦想。然而，徐芑南曾经以为"梦想实现不了了"。

我国载人深潜项目最早于1992年提出，可项目论证整整持续了10年。徐芑南未能在工作岗位上等到项目通过的那一天。1996年，

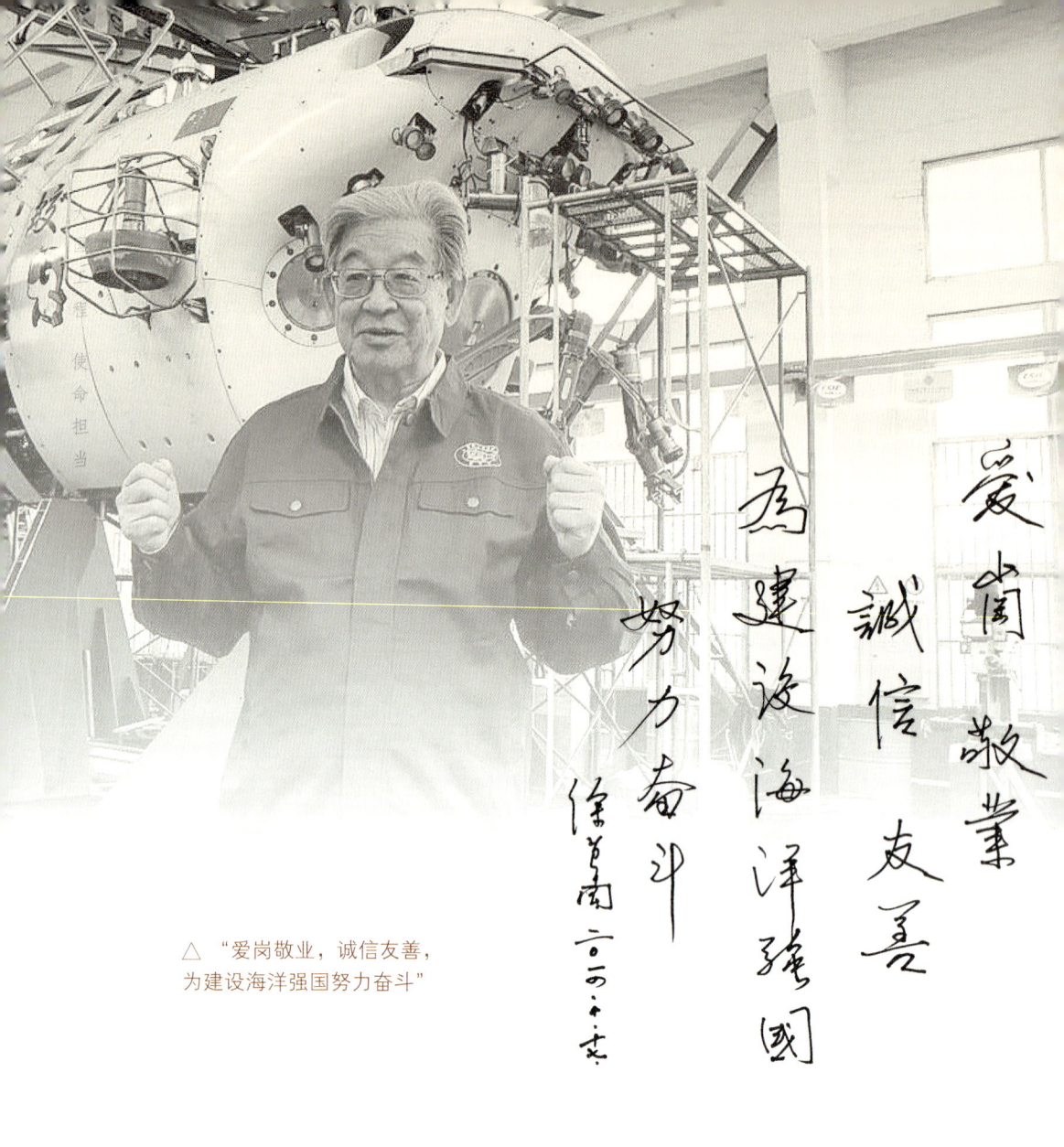

△ "爱岗敬业，诚信友善，为建设海洋强国努力奋斗"

60岁的他在遗憾中办理了退休手续。

直到2001年，载人深潜器项目初步通过。这个消息让徐芑南激动不已。曾亲自参与设计载人/无人、有缆/无缆等几乎所有类型的潜水器，先后担任4个项目总设计师的徐芑南，非常希望能为7000米载人潜水器项目建设做些顾问工作。

几乎在同时，徐芑南接到中国工程院院士、中国船舶重工集团公司第七〇二研究所（又称中国船舶科学研究中心）原所长吴有生打来的电话:"老伙计,我们想来想去,还是要请你出山,7000米载人潜水器总设计师非你莫属!"

这位向来沉稳镇定的老人,一下子激动起来说:"从1992年开始,我就参加了7000米载人潜水器研制立项的准备工作。我想我应该可以实现自己的愿望,为祖国贡献力量。这是我等待一生的机会。"

最终,徐芑南于66岁时出任我国第一台大深度载人潜水器"蛟龙号"的总设计师。

"国之所需,我之所向"

深潜器研发是世界级科技难题。很长一段时间里,我国"上天""入地"均有收获,但"下海"却进展缓慢。

按照项目目标,"蛟龙号"最大工作设计深度为7000米,工作范

▷ 2009年,徐芑南在"蛟龙号"海试现场指挥室

围覆盖全球99.8%的海洋区域。然而在此之前，我国研制的载人潜水器最深工作设计深度只有600米。

要知道，水下深度每增加100米，就会增加10个大气压，从600米深到7000米深的技术跨越难度可想而知。

首先，要面对的是复杂的海洋环境。在7000米的深海区，载人潜水器上所有设备都须承受相当于70兆帕的深海压力，还要经得住海水腐蚀。其次，容纳潜航员的关键部件——载人球舱，不仅要能承受深海的高水压，而且要保障舱内恒定的1个大气常压，让潜航员身处舱内就像在陆地上一样。同时，生命支持系统要保障舱内17%至23%的氧气浓度、低于0.5%的二氧化碳浓度。此外，还要有

▽ 2009年，徐芑南在"蛟龙号"海试现场

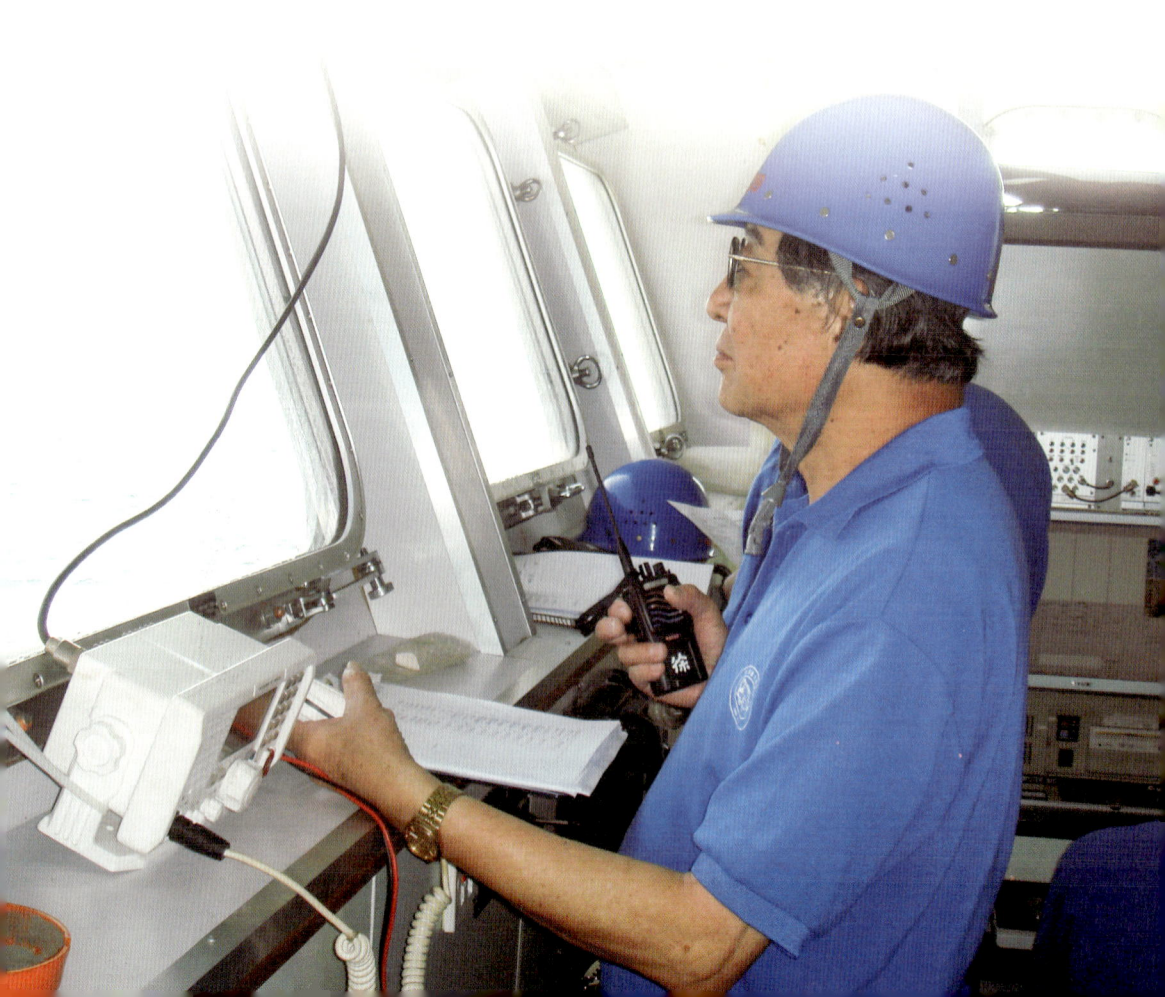

通信、语音、文字和画面传输的技术，在深潜器内部配备完善的水声通信系统、水声定位系统和视频系统。

作为一项大科学工程，"蛟龙号"的研制涉及多个领域的前沿技术。统筹这些复杂技术就是总设计师的工作。徐芑南用16个字概括了设计理念：丰富继承、重点突破、集成创新、整体跨越。

对于"蛟龙号"，徐芑南心中的设想是——"像一条鲸鱼，流线型的，既要它直航稳定，又要它机动灵活，下得去、能干活、上得来、保安全……"

为了实现这个目标，从2002年起，徐芑南夫妇把家安在了地处无锡的中国船舶重工集团公司第七〇二研究所招待所，一住就是十多年。他带领着中国大洋矿产资源研究开发协会、中国科学院沈阳自动化研究所、中国科学院声学研究所等国内50多家单位的科技人才，组成攻关队伍开拓创新，突破了载人潜水器整体抗压、坐底方法等多项关键难点，顺利完成了潜水器设计、总装建造和水池试验。

2009年8月，"蛟龙号"第一次下海试验。那年，徐芑南已经73岁了。

徐芑南拖着装满药品以及氧气机、血压计等医疗器械的拉杆箱，和大家一同登上海试母船"向九"，和年轻人一样，在船上坚守了3个多月。海试刚结束，同事们发现徐芑南躺在舱室内，他的心绞痛又犯了。

在任"蛟龙号"总设计师期间，即便床边竖着氧气瓶、每天吃十几种药，徐芑南也不愿离开让人热血沸腾的中国载人深潜事业，日复一日坚守在科研一线。他说："国之所需，我之所向。"

此后，我国载人潜水器的海试一年一个新深度，1000米、3000米、5000米、7000米，每一次下潜，"蛟龙号"都有相应的技术改进。

2012年6月24日，"蛟龙号"7000米海试成功。当天，3名潜航员与"天宫一号"3名航天员成功实现"海天对话"。那一刻，徐芑南热泪盈眶。

△ 2014年，徐芑南在办公室

乘风破浪，"潜行"人生

全球领先的近底自动航行、悬停定位、高速水声通信等功能，让中国"蛟龙"乘风破浪，遨游深海。

然而，就在实现坐底两天后，"蛟龙号"却遇到了前所未有的险情。

6月26日，海试指挥部决定乘胜追击，安排"蛟龙号"再次下潜，进一步巩固已经取得的成果。12时37分，已经在7059米深度上坐底的"蛟龙号"突然失联。

"'蛟龙'！'蛟龙'！我是'向九'，你在哪里，情况怎样？请速回复，请速回复……"母船声学控制室里，工作人员焦急地呼叫着，却听不到一点反馈，无论是声音通信还是文字图片传输都没有。紧急开启的应急通信手段也没有回音。

现场指挥部气氛异常压抑。

徐芑南的身体条件已经不允许他前往现场，坐镇北京陆基保障中心的他没有慌乱。徐芑南紧紧盯着大屏幕，密切观察着"蛟龙号"航迹。忽然，他发现，虽然通信中断，但通过超短基线可以跟踪到"蛟龙号"正在活动的轨迹。这说明"蛟龙号"上的设备和舱内供电系统处于正常状态。

思考后，他告诉大家："先不必太着急。如果是潜水器出事，超短基线就测不到信号，也就不会移动了。我认为潜水器本体没问题，联络不上，可能是通信系统出了故障。"大家这才轻轻舒了一口气。就在这时，通信中断了整整40分钟的水声通信机突然响起来："'向九'！'向九'！我是'蛟龙'！我是'蛟龙'！一切正常……"

徐芑南以多年积累的经验稳住了工作人员的情绪。事后他才得知这场虚惊是由误操作引起的。

从"蛟龙号"立项到如今，多年间，我国水声定位、推进器、浮力材料、水下导航等通用技术，取得了关键性突破，推动了国内深海装备产业发展。而中国载人深潜每前进一步，都有徐芑南的贡献。

"搞了一辈子潜水器，一直想让中国潜水器的工作范围可以覆盖全球几乎所有海域，这个愿望终于实现了。"这句话，让徐芑南用了一生去实践。

《中国科学报》（2024-05-09 第1版 要闻）

杨华勇

（1961.01— ）

流体传动与控制领域专家，主要从事机械电子控制研究。1961年1月出生于重庆市。1988年毕业于英国巴斯大学，获博士学位。长期从事电液控制基础理论、基础元件和系统，以及盾构和电梯装备关键技术开发和工程应用方面的系列研究。2013年当选中国工程院院士。

杨华勇：满怀信心，一路"掘进"

张 楠

中午12：35，中国工程院院士、浙江大学工学部主任杨华勇结束上午的讨论，又急忙进入下一场已经迟到了5分钟的视频会议，日程安排无缝衔接。他一般不留中午吃饭的时间，"习惯了。晚上好好吃"。

近40年来，杨华勇一直在教学科研一线，长期从事电液控制理论研究、基础元件和系统开发、盾构与液压电梯关键技术研发以及工程化等工作，带领团队攻克了"大国重器"盾构机在掘进过程中失稳、失效、失准三大国际难题，使我国进入盾构技术先进国家行列。其成果曾获国家科学技术进步奖一等奖、二等奖。

在刚刚过去的第八个"全国科技工作者日"，杨华勇入选中国教科文卫体工会选树的首届"全国科创名匠"宣传名单。

直面质疑　突破封锁

有"地下蛟龙"之称的盾构机，对于基建大国——中国来说可谓"国之重器"。人们穿山越岭、过江跨海都离不开它——地铁、高铁、公路和水利等基建工程的隧道环节，都需要盾构机挖掘开路，因此它又被称为"工程机械之王"。

△ "学以致用，宁静致远"

　　为了改变对进口盾构机的依赖局面，2003年，国家"863计划"机器人技术主题启动了对盾构项目的支持。浙江大学团队研究液压系统，中铁隧道研究刀盘刀具，上海隧道研究控制系统和后配套系统。杨华勇为项目责任专家。

　　这一年杨华勇刚42岁。这个年纪就领衔论证"863"项目实施，也曾遭到质疑，再加上国内外装备水平差距显著，甚至有老专家直言没信心。

　　事实上，当时杨华勇已经与企业合作，以产学研用并进的路径攻克了液压电梯关键技术，具有丰富的工程经验。而他主持的"电液比例节能型电梯液压速度控制技术"项目获得2003年度国家科技进步奖二等奖。

杨华勇对我国机电系统的单元技术颇具信心，在研发中化整为零，将整个任务目标规划为图纸设计、单元技术攻克、整机制造3个阶段目标。后来，每个阶段的每个责任单位均提前完成任务。

2005年，杨华勇带领的研究团队研发出被认为是盾构"心脏"的液压驱动和控制系统，这也是被国外技术封锁最严的部分。相关技术在上海轨道2号线工地经受住了严格的工程考验。

满怀信心　越过艰难

其后，杨华勇又分别带领"863""973"项目团队，与企业、科研单位开展长期稳定的产学研合作，攻克了掘进过程失稳、失效、失准三大行业难题，研发出土压、泥水和复合三大类盾构系列产品。

2008年，国内首台具有自主知识产权的复合盾构样机"中铁1号"正式下线。然而，杨华勇却说，这才到了最难的时候。

问题在于甲方地铁公司没有信心，研制出来的复合盾构样机无人敢用。杨华勇与合作伙伴一起，再次进行大量说服工作。在过去几年里，这项工作是很重要的一部分。

直到2009年，"中铁1号"在天津地铁3号线以日掘进22.8米的速度潜行，穿过历史建筑"瓷房子"和张学良、段祺瑞等名人故居的地下时，几乎检测不到地表沉降。样机的掘进性能与速度，达到甚至优于同时掘进的另一台进口盾构机。

国内施工企业一下子从"心惊胆战"不敢开机，到追着设计、制造厂家下订单，国产化盾构机批量生产就此起步。迄今为止，中国盾构机已累计生产超4000台，实现了从零到占国内新增市场95%的跨越式发展，完成了成千上万个国家重点工程建设。

经过近20年的持续攻关，杨华勇领衔的产学研团队走过研究—设计—制造—工程—产业化的全过程，实现了盾构机"中国设计—中国制造—中国品牌"的跨越式发展，使我国进入盾构技术先进国

△ 杨华勇（左一）在盾构制造生产车间讨论技术问题

家行列。他牵头的团队以"盾构装备自主设计制造关键技术及其产业化"项目，获2012年度国家科学技术进步奖一等奖。

跨界前沿　引领发展

"是我们运气好，赶上了国家大建设期。"杨华勇时常感慨，"早年的科研环境是，纵向项目'有水平'，横向项目与企业打交道是'没水平'。后来，大家逐渐开始关注企业需求，而我选择与民企合作。"

如今，与杨华勇团队长期合作的两家企业从无到有，成长为国际盾构制造业排名前二的上市公司，产品占领国际新增市场的70%，并尝试跨界发展。

一直以来，杨华勇经常把学生"赶"到工程现场去，因为"搞机械工程的肯定要经常在第一线，不然没办法了解、掌握装备现场使用的第一手资料"。

杨华勇对《中国科学报》记者表示："做制造业方面的研究必须了解企业的各个层面。只有这样，我们才能在工程项目中与合作伙伴进行有效的交流。"

中国盾构机的设计、制造和施工技术已经达到国际水平，甚至有的方面已实现了超越。下一步，杨华勇期待我国以新的技术实现盾构机产品的全方位引领，朝智能化和无人化方向发展。

"重大装备是制造业主要的领域，也是中国制造的脊梁。"近年来，杨华勇担任全国政协常委、国家智能制造专家委员会副主任等职务，围绕国家重大技术装备发展提出了不少建议。例如，加强原子级制造技术研究，赋能集成电路、精细光学、高端传感等高新技术产业，助力信息通信等产业高质量发展，培育新材料、高端装备等战略性新兴产业和量子信息等未来产业。

杨华勇常说："先进制造业正是新质生产力的典型代表。"

杨华勇心系国家发展，既对制造业充满信心，也一直尝试跨界。

△ 杨华勇在浙江大学玉泉校区实验楼盾构实验台给学生现场授课

△ 杨华勇（左四）在浙江大学玉泉校区实验楼与学生合影

从早期的液压电梯到盾构机，再到近年来在生物制造领域发力，他从头戴安全帽在工地奔波，转变为进出病房、实验室，与医生、病人或动物打交道。"生物制造是新世纪以来国内外共同关注的前沿领域，关乎人类器官修复、再生和治疗等。"

杨华勇团队已经在相关领域发表数百篇高水平学术论文，正如他所说，面向国家重大需求，"在一些领域瞄准未来关键技术，找到突破点，以便在若干年后引领发展"。

《中国科学报》（2024-06-13 第1版 要闻）

杨春和

（1962.01—）

　　岩石力学专家，主要从事盐岩力学与油气地下储备/非常规油气开发中的水力压裂理论与关键技术研究。1962年1月出生于江西省宜春市。1999年毕业于美国内华达大学，获地质工程博士学位。2019年当选中国工程院院士。

杨春和:大地深处,筑造储能"宝库"

李思辉

"一旦发生战事,地面上的储气罐容易受到空中打击,有了地下储气库,对方就打不着了!院士爷爷,我说得对吗?"

不久前的一次院士进校园科普活动中,面对青少年的提问,中国工程院院士、中国科学院武汉岩土力学研究所研究员杨春和欣慰地点点头说:"你说得很对。不过,地下储能的意义还不止于此。"

为何藏"能"于地下?

能源安全是国家安全的重要组成部分。保证能源安全必须高度重视储能安全。储能的方式有很多,深地储能是非常重要的一种。

20多年来,杨春和始终专注于做一件事——开展地下盐穴储能研究。

"即便是在和平环境中,我们也需要把能源'藏'在地下!"杨春和说,我国当前的能源结构和能源储存现状,决定了我们必须向地下要空间,开展地下储能。

他曾在多个场合介绍,"深地盐穴储能"是地下储能的重要方式

△ "坚守成就梦想，创新引领未来"

之一，是指利用盐矿开采后留下的采空区，或者在地下盐岩中溶出一个巨大的"天然溶洞"，将石油、天然气、氢气、氦气及二氧化碳等能源物质储存其中，具有储量大、成本低、密封好、使用寿命长等优点。

我国是能源消费大国，加快非化石清洁能源的利用，是我国能源结构升级转型和"双碳"目标实现的重大战略需求。然而，由于风能和太阳能等能源具有典型的地域性且不能连续稳定供给，因此需要将产生的电能储存起来才能进行充分利用。

怎么储存？科学家想了许多办法，包括抽水蓄能、压气蓄能、氢储能、液流电池储能等。无论采取哪种办法，都需要较大的储存空间。具有体积大、可承受高压等优点的深部地下空间就成了储能的理想场所。

利用深部地下空间存储石油能够规避经济性差、安全性低、占地面积大等利用地面储罐储油方式的缺点，进一步保障石油的安全供给；加快地下储气库建设也能够保证长输管道天然气平稳供给，避免大规模"气荒"发生。

岂可落后于人？

1999年，获得美国内华达大学地质工程博士学位后，杨春和回国，进入中国科学院武汉岩土力学研究所工作，成为该所第一位海归博士。

当时，在美国的石油战略储备库中，共有盐穴60余口，石油储存能力超过7亿桶。这些石油储存量不仅保证了美国的能源安全，

△ 杨春和（右三）在调研储气库运行情况

也奠定了美国在国际油价定价中的主导地位。彼时,我国连一座盐穴储备库都没有。

"回国后,我发现我国从事这方面研究的人寥寥无几。"杨春和说,他在很多场合呼吁重视地下储能,当时中国一些有识之士也逐渐意识到油气战略储能的重要性,一些大型能源企业提出类似需求,只是苦于国内相关工程一片空白,没有技术,没有人才,更没有成熟的经验可循。

国家需求、产业需求就是科学家的研究方向!杨春和决心做"第一个吃螃蟹的人"。

"利用我国盐矿开采后遗留的采空区,储存天然气。"他第一次公开提出这个设想时,业界一片哗然,反对之声不绝于耳。

有的人认为,中国地质结构极其复杂,无法完成这方面的工程建设——我国盐层属于层状结构,盐层厚度小、不溶夹层多,地质

△ 杨春和(操作设备者)在项目现场

条件的复杂程度超乎想象。欧美等发达经济体的专家们遇到类似地质条件，大多直接放弃建库。

还有的专家从安全角度出发，担心地下储气库发生泄漏、坍塌甚至爆炸等重大安全事故。

面对质疑，杨春和没有过多辩解。他带着设备、行李，带领团队深入多个省份开展现场调查。江苏金坛、湖北潜江、河南平顶山……幅员辽阔的中国版图上，几乎所有能用于储备油气的盐岩地下空间，都留下了杨春和团队的足迹。

通过对大量盐岩样本逐个反复试验比对、精密计算，经过近2000组试验后，他和团队成员最终得出一个结论：中国盐穴的稳定性及密封性，对于地下油气储备而言完全可靠，具有安全性和适用性。

"办法总比困难多。外国人能干的事，中国人一样能干成；外国人认为不好办的事，中国人付出更多心血和智慧未必不能干成！盐穴储气库的关键技术要掌握在我们自己手中，要建设我们国家自己的储气库。"杨春和带领团队用科学数据证明了中国盐穴对于地下油气储备来说完全可靠。

2003年，我国西气东输工程需要建设配套储气库，杨春和团队的理论创新终于有了应用机会。他建议第一座盐穴储气库选址在江苏金坛，利用金坛盐矿开采后留下的溶腔建库，可节约建设成本1.25亿元，节省建库时间5年。极具可操作性的专业意见获得了有关部门和单位的支持。

2007年，江苏金坛储气库正式投产注气，成为我国乃至亚洲首座地下盐穴储气库。截至2024年1月19日，"中国盐穴储气第一库"累计采气量突破50亿立方米，可满足长三角地区1600万户家庭调峰期的燃气需求。这背后，凝聚着杨春和的大量心血。

2015年，金坛储气库发现微渗层，出现气体漏失问题。杨春和临危受命，开展技术攻关。

经过反复分析和研判，他和团队提出一种全新技术——利用盐岩重结晶对储气库进行封堵，并迅速开展金坛储气库关键微渗层的重结晶课题研究。最终，微渗层封堵难题被成功解决。

"不仅要让盐穴储气库在中国落地生根，还要四面开花、结果。"令杨春和颇为自豪的是，20多年来，他带领团队陆续参与了近10座盐穴储气库建设的技术攻关，为我国西气东输一线、二线以及川气东送工程提供了重要保障。目前，我国90%以上的地下储气库都由杨春和团队提供技术支持。

经过几十年的发展，目前，我国的地下储能在世界上处于什么水平？

杨春和坦言，中国和欧美发达国家都在做研究，美国、德国起步比我们早几十年，一度远远领先于我们。现在，我们在技术上和它们基本处于同一水平线。乍一看，大家在"并跑"，但事实上，我国的地质环境比它们要复杂得多，需要解决问题的难度也大得多。

△ 杨春和获得表彰

他直言，西方地质工程领域的科学家不曾遇到中国这样复杂的地质条件，因此他们的技术路线无法解决中国的问题。相反，中国科学家不仅能够应对国内复杂的地质环境，而且可以相当轻松地解决西方国家地下建库的技术问题。因此，西方国家的技术水平和中国不在同一个层级上。

未来如何布局？

"我国地下储气库'从0到1'任务已经完成，现在我们要对地层进行分类，搞清楚哪些地方适合储备哪种能源。"除了储油、储气外，近几年，杨春和还把目光瞄准了储氢、储氦。

氢能具有来源广、热值高、无污染、应用场景丰富等优点，有效利用氢能是解决能源可持续发展的有效途径。杨春和认为，大规模储氢是氢能产业发展的关键环节。

他多次建议湖北省依托省内一些地区丰富的盐矿资源，建设规模化氢能储备项目，打造我国中部储能基地。在他的奔走呼吁下，曾以矿产资源开采而闻名的湖北大冶市在全国率先开展地下储氢实践。

2023年3月，大冶市"矿区绿电绿氢制储加用一体化氢能矿场综合建设项目"正式开工。这是我国首个岩穴储氢技术的科研攻关项目，建成后，将成为全世界第二个洞穴储氢项目。

"地下空间是座宝库，按照我们的技术路线建设，未来合适的地层可以储油、储氢、储氦，实现多场景、多元素综合应用。"杨春和说。

杨春和希望，该项目的开展和技术瓶颈的突破，能为氢能规模化、安全储存提供技术保障，为全国深地岩洞储氢研发人员提供联合试验基地，为在全国范围内推广大规模储氢提供技术和标准。

《中国科学报》（2024-06-21 第1版 要闻）

传承 大国工程 使命担当

尹飞虎

（1954.12— ）

主要从事农业滴灌节水和水肥一体化技术研究。1954年12月出生于湖南省平江县。2005年毕业于中国农业大学，获农业推广硕士学位。我国著名的"节水先锋"，滴灌水肥一体化技术的开拓者和领军人物。2021年当选中国工程院院士。

尹飞虎：把论文写进农民心里

袁一雪

从新疆石河子到内蒙古海拉尔，再到北京，之后去湖南长沙，从那里返回新疆，这是中国工程院院士、新疆农垦科学院研究员尹飞虎这几天的行程。70岁的尹飞虎对这样的长途奔波早已习以为常。他与全国16个省区市合作建立了试验示范基地，希望通过科技赋农提高农民收入，让更多人回归农业，共同护卫我国粮食安全。

自1976年从事科研工作以来，尹飞虎立足新疆，率先在国内研发出滴灌水肥一体化技术、旱区滴灌条件下土壤次生盐渍化防控技术，并创建了不同区域主要大田作物水肥一体化高效利用技术模式和标准化生产田间管理技术规程。尹飞虎曾获多个国家级和省级奖项，但面对荣誉与成就，他说："让农民满意才是我最大的目标和前行的动力。"

到祖国最需要的地方去

1972年，尹飞虎从湖南老家奔赴新疆。按照当时的条件，他完全可以去机关、学校就业，但他毅然选择了去农业连队。

"我出生在农村，是农民的儿子，5岁就开始下田插秧、拔草，

△ "诚实做人,踏实做事"

无论去哪儿都不会丢掉务农这份情怀。"尹飞虎告诉《中国科学报》记者。从湖南到新疆,环境与饮食存在差异。"有工作在,有目标在,就不觉得苦。"他说。

在新疆进行农业生产是一件困难的事。新疆干旱少水,加上遍地可见的盐碱地,让农耕难上加难。为了唤醒沉睡的耕地,当地人采取了水旱轮作等方式。

初到新疆的尹飞虎主要从事水稻种植研究。"通过种植水稻可以降低盐碱地中的盐分,第二年就可以在同一块地种植小麦、玉米、棉花等旱生作物。水生作物与旱生作物交替种植,就是水旱轮作。"他解释说。尽管这种耕作方式可以缓解盐碱对农作物的影响,但水稻种植让本就不足的水资源更加捉襟见肘。

降"盐"也需要节水。因此，尹飞虎一边参与种稻洗盐降盐工作，一边开展节水研究。

做祖国最需要的研究

20世纪60年代，干旱少雨的以色列建成了世界上第一个现代滴灌系统，让这个沙漠面积占国土面积70%的国家成为农业强国。当时，我国虽然希望引进滴灌系统，却受阻于每亩4000元的高昂成本。

于是，尹飞虎决定改变自己的研究方向，主动请缨，向滴灌技术发起挑战。不过，他很快意识到，滴灌可以达到节水的目的，但

▽ 尹飞虎（左三）在新疆农垦科学院二轮试验地指导同位素试验开展

要想促进农作物生长并获得高产，离不开肥料的配合，水肥一体化势在必行。

水肥一体化的前提是肥料高度溶于水，因为最终水与肥料会通过直径不超过2毫米的滴孔滴入田间，进而被农作物吸收利用。在农业常用的氮、磷、钾肥料中，氮肥和钾肥可以完全与水融合，磷肥却不行，而且不溶于水的磷及杂质会堵塞滴孔，影响灌溉施肥效果。

为解决这一问题，尹飞虎自掏腰包购置了几千元的专业书籍，从零开始学习无机盐化工知识，并前往磷资源相对丰富的云贵川等地，寻找破解之法。他的目标只有一个，研发出水溶性好、成本低、适用于大范围作物滴灌的磷肥。

一般来说，磷肥通常采用成本较低的湿法工艺进行制备，但这样生产出来的磷肥杂质含量高，制备过程中还会产生大量磷石膏，对环境造成污染。另一种生产工艺是热法制备，可以产出纯度高、杂质少的黄磷。黄磷在空气中极易燃烧生成五氧化二磷气体，再利用水循环吸收，就可得到符合标准的磷产品。只是这种方法成本较

▽ 尹飞虎（右一）在水肥一体化田间调研指导

高,一般用于药品制作,而且会产生30%的副产品——贫泥磷,依然对环境不友好。

如何在获得高纯度磷的同时降低副产品产出率,并降低成本呢?尹飞虎想到的是将副产品重新利用,从中提炼高纯度磷。

历时4年,几经试验,尹飞虎带领团队创新泥磷回收方法,回收率达到95%以上,不仅解决了环境污染问题,还大大降低了生产成本。最终,一种含有氮磷钾元素及作物所需微量元素的高水溶性复合肥问世了。配合滴灌系统,每亩可节约成本30%左右、增产30%以上,有力支撑了新疆滴灌节水的快速发展。

同时,针对传统滴灌技术造成的土壤耕层盐分上升等问题,尹飞虎团队创制了滴灌农田土壤盐渍化灌排协同防控技术,制定了相应的技术规范。研究人员不仅将其广泛应用于新疆,还在吉尔吉斯斯坦、乌兹别克斯坦、哈萨克斯坦和安哥拉等国建立了以滴灌水肥一体化为核心的现代农业示范区。

农民说好才是真的好

尹飞虎曾在20世纪70年代末跟随中国工程院院士袁隆平学习,从事过水稻杂种优势利用研究。"当时在海南,我们白天在田里工作,晚上听袁老给我们上课。"

他至今还记得袁隆平经常挂在口头的一句话——"无论做什么,一定要亲自干。"这句话对尹飞虎影响深远。他认为,从事农业研究要具备"绝知此事要躬行"的实干精神。

"如果只是在实验室摆弄瓶瓶罐罐、发几篇论文,就认为一项技术获得了成功,那是不可取的。"尹飞虎说,"现在有人对创新的理解有一个误区。创新不能仅停留在论文上,而是要经过实验室、中试,最终实现产业化。这三个步骤缺一不可,才是真正的创新,因为实践是检验真理的唯一标准。"

"不能在地里发现问题的专家是不合格的。农民希望专家解决实

△ 尹飞虎在小麦滴灌水肥一体化田间调研

际问题,而不是在地头讲理论。只有在地头发现问题、解决问题的,才能称为农业专家。"尹飞虎把对实践的重视传递给了学生们。他的学生往往在设计试验田时就开始介入,并跟随施工,完工后继续在试验田做实验。

"只有亲自做了,才能在对书本的理性认识上增加感性认识,有新的发现;也只有在实践中发现问题,才能真正解决问题。"他解释说。

尹飞虎一直在实践中打磨自己的研究。在解决北方缺水地区的滴灌问题后,他面向南方地区的需求,与相关专家合作解决了果树大小年的问题。果树一年或持续几年产量非常高,然后就开始出现产量降低甚至绝收的现象；此后一年或几年又进入高产期，这就是大小年现象。"出现这一情况是因为土壤肥力不够或养分失衡。我们经过研究找到了土壤缺乏的营养元素，通过滴灌系统进行有针对性的补充，彻底解决了这一问题。"尹飞虎说。

现在，尹飞虎团队主要面向三个方面开展研究：农业节水与水肥一体化、盐碱地改良、灌溉施肥自动化。"其实我的研究都围绕一件事，就是提高农民收入和幸福指数。只有在地头真的成功了，建立了示范区，农民才能相信并跟着一起做，乡村振兴才能真正实现。"

《中国科学报》（2024-05-15 第1版 要闻）

尼玛扎西

(1964.06—)

　　语言文字信息处理专家,主要从事语言智能及自然语言处理研究和工程应用。1964年6月出生于西藏自治区拉萨市。2009年毕业于四川大学,获工学博士学位。我国藏文信息系统领域学术带头人,在藏文信息系统技术研发及工程化应用、国家语言文字信息系统技术进步领域作出突出贡献。2023年当选中国工程院院士。

尼玛扎西：用信息技术拉近西藏与世界的距离

韩扬眉

"我是沐浴着新西藏的阳光，在党和国家培养下成长起来的藏族知识分子。国家和社会需要时，我不上谁上？"尼玛扎西平和的语气中带着坚定。

立足西藏数十载，中国工程院院士、西藏大学教授尼玛扎西带领团队研制藏文信息处理领域相关国际标准并推广应用，奠定我国在国际藏文信息系统领域的主导地位；研制全球首款藏文版数字和智能移动操作系统，提升我国涉藏地区社会信息化水平；研发藏文古籍文献资源数字化技术，推动优秀传统文化传承创新；研究藏语言文字自动识别关键技术，探索技术成果在边疆数智领域的工程化应用模式……

尼玛扎西始终怀揣报效国家、建设家乡的家国情怀，带领团队潜心科研，用信息技术拉近西藏与世界的距离。

"我们不做谁来做？"

20世纪60年代，尼玛扎西出生于西藏拉萨。与父辈不同的是，他接受了较为系统化的现代教育。他始终有一个心愿，那就是回馈

△ "加强语言智能研究,推动语言文字信息技术创新应用,服务国家高水平科技自立自强"

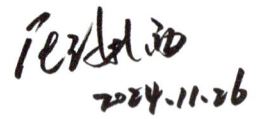

祖国和家乡。

1988年,尼玛扎西从华东师范大学计算机科学系毕业,回到西藏,在西藏大学任教。当时,中国的信息技术方兴未艾,计算机被越来越多的人知晓和使用。在上海读书时,尼玛扎西看到,中文信息处理(主要是汉语)应用于日常学习和办公,极大提高了信息处理效率。

而在西藏,大学里还没有计算机专业,在日常公文处理、大学藏文教材编写、文献整理等领域,没有一个可使用的桌面藏文处理系统。

"我们不做谁来做?我觉得我们应该要满足社会需求。"秉持这样的信念,尼玛扎西投入技术研究和开发工作中。

然而，尼玛扎西并未学过中文信息处理技术。在软硬件条件极其有限、没有互联网等通信手段可以利用、人员缺乏的情况下，尼玛扎西带领团队埋头苦干，从最基础的知识入手，研究藏文信息处理技术。

1992年10月，尼玛扎西团队历时两年成功研发出"TCE藏、汉、英文信息处理系统"软件，为藏文信息技术的发展奠定了基础。

在这一"小试牛刀"的研究中，尼玛扎西看到了一个更深层次的问题：藏文信息无法交互。

由于当时藏文没有信息交换用的编码标准，无法在各类信息平台间正常传输。在信息网络时代，某种语言要想与世界畅通无阻地对话，必须制定其文字的信息交换用编码的国家和国际标准。

尼玛扎西团队在短时间内查阅了大量技术文档，并结合藏文文字特性，争分夺秒地起草并提交编码标准提案。他们从"一张白纸"开始研制相关标准，有时为了制作一个高质量的藏文编码字符集方案，从早晨一直工作到第二天凌晨。

△ 尼玛扎西在"天河二号"前

1997年7月，尼玛扎西带领团队研制的藏文编码方案被国际标准化组织正式确定为《信息交换用藏文编码字符集》国际标准，藏文由此成为我国第一个制定完成编码国际标准的少数民族文字，解决了藏文信息处理无编码标准可循、信息无法共享和交互的技术难题。

作为全球藏文信息系统技术标准，该方案是国内外所有软件系统和信息平台藏文处理功能实现的基础，有力维护了国家权益，奠定了我国在国际藏文信息系统领域的主导地位以及藏文信息系统的发展基础。

信息网络时代，西藏没有落下

以计算机为代表的信息技术无疑彻底改变了人们的生产生活。尼玛扎西欣慰地说，西藏及时跟上了时代的发展步伐。

1996年4月，尼玛扎西到丹麦参加国际会议，第一次接触到了"因特网"等新鲜词汇。他听得不是很明白，但直觉告诉他，这必定是影响未来的重要技术。

回国后，他来到电子科技大学，在一个月的时间里从早到晚阅读各类相关书籍，遇到不明白的问题就到电子科技大学信息中心求教，从最基本的专业名词学起，逐步学习和了解因特网知识。

当年7月，尼玛扎西回到拉萨，在中国教育和科研计算机网（CERNET）的指导以及电子科技大学的帮助下，带领团队建设了CERNET西藏主节点（现称为拉萨核心节点），使CERNET西藏主节点成为西藏自治区第一个提供因特网接入服务的机构。在此基础上，他们负责规划建设了西藏大学三期校园网、多媒体教学系统和西藏第一个IPv6园区网。

在尼玛扎西看来，这是他践行家国情怀的实际行动。"虽然当时只是一名普通教师，但在这个岗位上，需求来了，我们责无旁贷。如今西藏教育信息化基础设施建设与其他发达省份相比，不敢说水平一致，但没有代际式的落后。"

如果说20世纪90年代末以前,尼玛扎西助推了西藏"入网",那么此后尼玛扎西开拓了中国藏文信息技术研究新领域。

在移动互联网时代,移动通信深刻改变了人类社会的方方面面。然而,由于没有藏文版的移动操作系统,人们只能用移动电话通话,无法进行进一步的藏文信息处理、传输和共享,制约了社会信息化水平的提升。

"几十年前,会有人问这个或那个品牌的手机能不能用藏文。现在没人问这个事了,因为经过近10年的努力,移动电话处理藏文成为常规化操作。"尼玛扎西说,在某品牌手机聊天软件中编辑并发送藏文"扎西德勒",另一不同品牌的手机会接收到完全一样的内容。

这一看似"理所当然"的事情背后,是他和团队近10年的奋斗。

2005年,尼玛扎西团队与企业合作,研发出全球首个藏文版数字移动操作系统,移动电话生产商基于此推出了全球首款藏文数字移动电话;2014年,他们与企业合作,研发首个藏文版智能移动电话操作系统,相关企业基于此推出了全球首款藏文智能移动电话。

而在计算机藏文操作系统方面,原来只能在Windows等计算机

△ 尼玛扎西(左二)与团队成员交流工作

△ 尼玛扎西在工作

操作系统上实现藏文输入输出等处理，而没有研发出真正意义上的藏文操作系统。2021年，尼玛扎西团队与国防科技大学、麒麟软件有限公司合作研发了首个计算机操作系统藏文版——国产"银河麒麟操作系统藏文版"。

"这些工作极大提高了西藏和我国涉藏地区的社会信息化水平。信息网络时代，西藏没有落后太多。"尼玛扎西说。

新使命　新担当

尼玛扎西团队始终秉持发挥所长、服务国家的信念。"话语权是国家战略。如今回头看，有些工作如果当时没做，今天就没法向国家交代。"

随着人工智能时代的来临，尼玛扎西又有了新的思考：如何利用在语言智能领域的技术积累服务国家战略和西藏经济社会发展。目前，尼玛扎西正在牵头实施科技创新2030——"新一代人工智能"

重大项目。

回顾工作的36年，尼玛扎西坦言，自己起初并未想过做科研，是社会和国家的需求推着自己一步步往前走。"我们团队不过多考虑眼前利益，而是根据自身技术、人员和资源等条件，以需求为导向，定下长远目标，持之以恒、久久为功，而这个目标一定是跳起来能够得着的。"

除了科研工作者，尼玛扎西的另一重身份是教师。36年来，他为本科生上课，指导硕士、博士研究生，推动西藏高校计算机专业从无到有，形成了本、硕、博3个层次较为完整的人才培养体系。"人才培养要与科学研究结合起来。"尼玛扎西说。

2023年11月，尼玛扎西当选为中国工程院院士。"这份荣誉代表了一个新起点，鼓励我继续做好藏文信息系统领域工作，并在更广阔的领域和更高的层次上服务国家。"尼玛扎西表示。

《中国科学报》(2024-05-22 第1版 要闻)

△ 尼玛扎西（左四）团队核心成员

余 刚

（1965.02— ）

环境工程专家，主要从事持久性有机污染物等新污染物控制理论与技术研究。1965年2月出生于湖北省宜昌市。1992年毕业于中国科学院生态环境研究中心，获博士学位。在源清单方法学、环境污染特征、控制原理与技术、控制战略等方面取得了系列创新性研究成果。2023年当选中国工程院院士。

余刚：深耕环境30年，坐热"冷板凳"

刘如楠

5月的一个下午，中国工程院院士、北京师范大学环境与生态前沿交叉研究院院长余刚匆忙赶到中国工程院。他负责的战略研究与咨询重点项目"面向美丽中国的新污染物治理科技战略研究"前不久刚立项，这天正要召开项目工作组推进会。

这让余刚倍感欣慰，从事持久性有机污染物（POPs）研究30多年来，他见证这一领域不断发展，POPs防控从不受重视到被纳入国家战略。

余刚20岁出头就坚定选择这一领域，早年间"比较孤独"，后来一路伴随我国POPs履约事业逐渐走上国际舞台，在58岁时当选为中国工程院院士、引领整个领域向纵深发展，经历了把"冷板凳"坐"热"的过程。

"我的热情和动力一方面来自研究兴趣，另一方面在于POPs的重要性以及它对生态系统和人体健康构成的风险，我从没想过换方向，相信它一定能够为人熟知、受到重视。"余刚说。

△ "控制持久性有机污染物，助力清洁美丽世界建设"

人生的转折点

2004年，对中国的环境化学界来说，是特殊的一年。这一年的11月11日，中国于3年前签署的《斯德哥尔摩公约》（以下简称POPs公约）正式生效。该公约作为保护人类健康和环境免受POPs危害的全球行动，有124个成员方，中国是其中之一。

而对余刚来说，这段时期也是他人生的重要转折点。POPs公约的签署和生效，将这位已在有机污染物控制领域研究10余年的学者一下子推上了国际舞台。

2005年5月，POPs公约第一次缔约方大会在乌拉圭召开，身为技术专家的余刚作为中国政府代表团一员参会。

会上，中国政府代表团团长提出建议，估算发展中国家为解决首批POPs问题所需资金。按照"共同但有区别责任原则"，发达国家应为发展中国家提供资金援助和技术援助。

"中国代表团团长话音刚落，就遭到了欧盟代表团的坚决反对，随即是发达国家的普遍反对，最后只能休会。"余刚回忆说。

"从科学角度看，中国代表团的提议是很自然的事。发达国家综合实力领先，在发展过程中给地球环境带来了许多POPs，要解决这一全球性问题，估算所需资金是第一步。"现场的情况对余刚触动极大，"我更加深刻意识到，这不仅仅是一个科学问题，更涉及国际政治、外交、法律、经济等，是一个综合性问题。"

在这次会议上，余刚当选联合国环境规划署POPs公约最佳可行技术/最佳环境实践专家组联合主席，另一位联合主席是来自发达国家的专家。

这一国际专家组以已有的研究实践为基础，结合10多类二噁英

△ 余刚（前排左一）参加国际学术会议

排放源的特征，全过程分析源头替代、过程减排、末端控制的技术经济性，编制的技术导则在第三次缔约方大会上获得通过，成为指导全球二噁英减排最重要的技术文件。

后来，余刚作为中国政府代表团成员参加了迄今举办的11次缔约方大会。正因有过这样的经历，余刚及其团队研究制订战略行动计划时，考虑问题才更加全面。

"如POPs之一的全氟辛基磺酸及其盐类，其主要用于电镀、消防、农药、石油开采四大行业，它在科学上有害，但各行业能停止使用吗？当我们没有替代品或替代技术时，一旦禁用，国民经济和社会发展都会受影响。"余刚说，"进行科学研究，一就是一，二就是二。而为政府决策提供科技支撑，是牵一发而动全身，必须综合考虑。"

独有的快乐

走上国际舞台的余刚同时意识到，"具备国际视野的中国环境治

▽ 余刚（左二）指导学生

理人才太少了"。其直接影响是，中国在国际组织及全球治理中缺乏话语权。

"这种局面需要改变。"余刚说。

2001年，也是中国签署POPs公约这年，时任清华大学环境科学与工程系副主任的他联合学校化学系、化工系、法学院等单位，共同建立了清华大学POPs研究中心。该中心以POPs环境风险评价、污染源减排、废物安全处置和履约决策支持等为重点研究方向，多学科交叉开展前沿性基础研究、前瞻性高技术开发和战略性决策咨询。

与前沿研究同样不可忽视的，还有人才培养问题。"我们通过制订全新的培养方案，开设了全球环境国际班，每年招收约15名本科生，以复合型、国际化、实践式为导向，培养具备国际视野，综合掌握环境、政治、法律、经济等领域知识的高层次复合型人才，希望他们深造后能胜任国际组织、政府部门、研究机构和跨国企业中的相关工作，将来成为全球环境领域的骨干。"余刚说。

前不久，余刚的一位在生态环境部国际司担任副司长的学生带领中国政府代表团在国外进行塑料公约的谈判，这让余刚很高兴："我感到非常自豪，这是我们作为老师独有的快乐。"

"阳春白雪"的研究

什么是POPs？这是多年来余刚经常被问及的问题。

"水污染、大气污染、噪声污染这些常规污染物看得见、听得见。但POPs肉眼看不到，它是指具有环境持久性、生物蓄积性、远距离环境迁移的潜力，并对人体健康或生态环境产生不利影响的有机污染物。"余刚说。

余刚用"阳春白雪"来形容自己的研究。"大家会觉得，那些常规污染物问题都没有被完全解决，更何况这种浓度更低的污染物？同时，其研究条件要求较高，需要更加先进的检测分析方法和仪器

△ 余刚调研垃圾填埋场渗滤液的新污染物问题

设备。因此，早年间从事POPs研究的人非常少，随着社会经济的发展，近些年才逐渐多了起来。"

与那些直接致死的污染物不同，POPs在人体内的累积更隐秘、周期更长，危及人体内分泌、免疫、神经、生殖等系统。如美国在越南战争中大面积使用的"橙剂"，其中含有的二噁英给越南的水源和土壤造成了难以消除的污染，约有480万越南人患上癌症等各类疾病，数十万儿童先天畸形或存在生理缺陷。

"简言之，它不立刻要人命，让人活着，但不会让人好好活着。"余刚说。

目前，绝大部分新污染物在全球尺度和全国尺度的污染状态还不清楚，不同类别新污染物的排放源和排放清单、在环境介质与生物体内的存在形态和浓度水平、源汇关系等,都亟待进一步研究。

余刚表示:"有些发达国家行动得早,但对于POPs问题仍然没有好的解决办法。如果我们的研究、政策、治理等能迎头赶上,或许可以实现弯道超车。"

30年的坚持

如今,生态文明、美丽中国的发展理念深入人心,越来越多的人认识到环境保护、绿色发展的重要性。近年来党和国家部署的POPs等新污染物治理研究吸引了大批学者和学生。而在30多年前,却是截然不同的场景。

1989年,余刚硕士毕业,打算到中国科学院生态环境研究中心攻读博士。当时,环境科学还是一门新兴学科,全国能招收环境化

▽ 余刚在清华大学实验室

学博士生的高校或研究所屈指可数，导师不超过10个人。

选择投身"冷门"专业，余刚有自己的坚持："从硕士起，我就开始接触有机污染物的研究，了解到一些欧洲国家对有机污染物非常重视，我相信相关研究未来一定非常重要。"

有了这种坚定，余刚加倍努力。他几乎每晚做实验都做到熄灯时分，即使回到宿舍，脑子也忍不住继续思考问题，第二天一早，又冲到实验室继续做实验，总希望快点、再快点将问题解决。这为他打下了良好的科研基础，也使他在毕业后成为清华大学人才引进计划的合适人选。

1992年进入清华大学后，余刚只花了6年时间便从讲师升任教授，2006年担任环境科学与工程系系主任，2011年成为环境学院首任院长。

2022年，余刚作出一个令人意外的决定，离开从教30年的清华大学，加入北京师范大学担任环境与生态前沿交叉研究院院长。

"在清华工作的30年，我亲历并见证了环境学科一步步发展壮大，可以说，这里是我的'舒适圈'，可以'躺平'。但我想再突破一下，希望在生态环境学科前沿方向开展多学科交叉研究，北京师范大学恰好有这样的机会，能和大家一起开垦一片新土地是很令人兴奋的。"余刚说。

《中国科学报》(2024-05-24 第1版 要闻)

后 记

2020年9月11日，在科学家座谈会上，习近平总书记指出："科学成就离不开精神支撑。科学家精神是科技工作者在长期科学实践中积累的宝贵精神财富。"中国工程院汇聚起了强大的工程科技创新人才队伍，他们以实际行动厚植的精神沃土，成为引领工程科技创新的重要力量。

2024年恰逢中华人民共和国成立75周年和中国工程院成立30周年，自4月开始，中国科学报社开设"大国工程 使命担当"专栏，选派骨干记者，对20位中国工程院院士的事迹和精神进行深入采访，细腻而又真挚地讲述他们主动请缨、勇担使命、笃行务实、勇毅前行的人生故事。

"共和国勋章"获得者袁隆平有两个梦，一个是禾下乘凉梦，另一个是杂交水稻覆盖全球梦，为此，他将一生浸在稻田里，用一粒种子实现梦想、改变世界。

在国家最高科学技术奖获得者李德仁看来，国家有需要、人民有需求，就是科学研究最大的动力。从支持青藏铁路测量到参与汶川抗震救灾，从北京奥运会安保到数字敦煌工程，耄耋之年也从未停止过探索。

"东方红一号"卫星主要技术负责人之一、神舟飞船首任总设计师戚发轫这辈子就干了三件事，第一枚导弹、第一颗人造卫星、第一艘无人试验飞船……它们都是强国的大事。

一生与祖国航天事业相伴的探月工程首任总指挥栾恩杰爱好诗词，64岁的他受命担任探月工程总指挥，兴奋地写下"地球耕耘六万载，嫦娥思乡五千年。残壁遗训催思奋，虚度花甲无滋味。"

……

追溯辉煌起点，中国工程院成立之时，聘请30名中国科学院院士并遴选66名院士，一共96名为中国工程院首批院士。中国科学报社曾对部分院士作了深度报道，此次遴选出10篇首批院士报道也一并收录在《传承——大国工程 使命担当》书中。这样的集结，集中展现院士们的成长轨迹与精神风貌，为新时代的工程科技工作者树立榜样，提供力量源泉。

这组报道及本书的汇编过程中，中国工程院院长、党组书记李晓红为本书作序并多次表示关心和肯定，相关院领导给予悉心指导，中国工程院办公厅宣传与政策研究处（新闻办公室）、各学部办公室积极协调联络，院士的助手和学生、院士所在单位科研和管理人员也积极配合和大力支持。

本书图片感谢中国工程院院士馆、院士及其团队和所在单位、中国科学报社音视频团队以及相关高校、个人等提供。

伟大事业孕育伟大精神，伟大精神引领伟大事业。在建设科技强国的新征程上，以老一辈科学家为榜样，准确把握强国建设、民族复兴伟业的时代要求，自觉弘扬并践行科学家精神，才能更好为建设科技强国、实现高水平科技自立自强而不懈奋斗。中国科学报社也将继续做好弘扬科学家精神的主题宣传报道。然而，开设专栏、组织报道以及图书汇编并不容易，在此向所有关心、指导、支持这项工作的院士、领导、科研人员、报社同事和广大读者，一并表示衷心的感谢。与此同时，囿于时间、能力和水平，书中内容可能还存在疏漏和瑕疵，不足之处恳请读者批评指正。

编者
2024年11月